ROJO

CUANDO UNA NUEVA GENERACIÓN LE ADORA

EMMANUEL ESPINOSA

ROJO

CUANDO UNA NUEVA GENERACIÓN LE ADORA

EMMANUEL ESPINOSA

La misión de Editorial Vida es ser la compañía líder en satisfacer las necesidades de las personas, con recursos cuyo contenido glorifique al Señor Jesucristo y promueva principios bíblicos.

ROJO
Publicado por Editorial Vida – 2013
Miami, Florida

© 2013 por Emmanuel Espinosa

Edición: *Eliezer Ronda*
Diseño interior: *Juan Shimabukuro Design*
Diseño de cubierta: *Juan Shimabukuro Design*

ISBN: 978-0-8297-6395-9

CATEGORÍA: Juventud no ficción / Vida cristiana

CONTENIDO

PRÓLOGO

Me confieso fan de RoJO por varios motivos. El primero es que conocer a Emmanuel, Linda, Oswaldo y Rubén es un privilegio. Lo es porque al hacerlo ellos te inspiran. Te ayudan a creer que se puede ser ministros de fama mundial, pero con un corazón humilde y sensible a la gente. Al verlos en diferentes situaciones y con públicos de todo tipo, uno puede notar su integridad. Saben a quién sirven y tienen claro lo que quieren comunicar con música y sin ella.

Los conocí en Los Ángeles hace más de una década y siempre que compartimos juntos en algún evento veo que su entusiasmo por inspirar a la juventud a disfrutar de una relación cercana con nuestro Dios sigue intacto.

Claro que también soy fan por su música. Sin copiar a nadie han sabido llenar de alabanza la boca de una generación. Sus canciones son pegadizas. Fáciles de cantar, y en vez de estar centradas en el artista están siempre centradas en destacar las virtudes de Cristo. ¿Quién no se ha emocionado cantándole al Señor con alguna de las canciones de RoJO?

Estoy muy feliz de que tengas este libro en tus manos. Creo en el ministerio de RoJO y sobre todo creo que el mismo Dios que les permitió a ellos cumplir sus sueños y encontrar su misión en la vida también tiene planes increíbles para ti.

En estas páginas podrás ver cuál es el proceso detrás de la formación de una banda tan exitosa como RoJO. Podrás leer en sus líneas y entre ellas, cómo es que un grupo de jóvenes de familias normales y con desafíos comunes para cualquier adolescente, pueden convertirse en modelos para toda una generación.

Sin dudas que Dios querrá atrapar tu mente y sentimientos al leer este libro. Devóratelo con inteligencia en la búsqueda de la aventura que Dios también tiene para ti.

LUCAS LEYS
Conferencista y Autor

PARTE 1

LA HISTORIA OFICIAL

CAPÍTULO 1
EL COMIENZO DE TODO

«Eres hoy lo que decidiste ayer. Serás mañana lo que decidas hoy».

– Anónimo

«Estoy convencido de esto: el que comenzó tan buena obra en ustedes la irá perfeccionando hasta el día de Cristo Jesús».

Filipenses 1:6

Algo de lo que estoy totalmente convencido, sobre todo porque lo podemos leer en la misma Biblia, es que Dios quiere tener una relación cercana con cada persona que está en este mundo.

No me deja de asombrar el hecho de que el Dios del universo, el Señor y máximo Creador de todo lo que existe, se haya hecho hombre y haya habitado entre nosotros para poder restablecer la relación que se rompió con él por nuestros pecados. Jesús nos amó al grado máximo de morir por nosotros en la cruz para que podamos tener esa relación, comunión y cercanía con el cielo que tanto necesitamos. Espero no te hayas acostumbrado a escuchar eso tanto que ya no le des importancia. ¡Eso es espectacular!

Entonces, si Dios quiere tener esa relación con nosotros, podemos entender que él quiere tener comunicación con cada uno de nosotros. Dios nos tiene un amor gigantesco y por eso quiere relacionarse con cada uno de nosotros así como nosotros queremos relacionarnos con las personas que amamos y deseamos pasar tiempo con ellas. Así es que aunque no siempre lo sepamos escuchar, él nos habla a cada uno de nosotros sin importar el pasado, el presente, la situación económica, los talentos (o la falta de) y por supuesto, sin importar la edad.

¿Quién dijo que Dios solo les habla a los mayores de 800 años? y ¿quién determinó que solo los que terminen su carrera en la universidad o sus clases en el seminario pueden escuchar a Dios? ¿Quién dijo que hay que ser una persona con todos los talentos del mundo para ser usado por Dios? Bueno, quizás alguien lo haya asegurado de manera directa o indirecta, pero nadie podrá encontrar eso en la Biblia.

Por supuesto que Dios puede usar a gente con talentos, con dinero o con influencia, pero nunca ha sido la condición para ser usado por Dios y menos para tener una amistad con él.

La Biblia dice que «también escogió Dios lo más bajo y despreciado, y lo que no es nada, para anular lo que es, a fin de que en su presencia nadie pueda jactarse». (1 Corintios 1:28-29). Eso es para que nadie diga «¡Ah!! Mira, qué bueno soy en lo que hago!» o «por mis talentos estoy en donde estoy».

Yo a menudo puedo ver cómo Dios usa a gente simple. También, la Biblia dice que «el que comenzó tan buena obra... la irá perfeccionando hasta el día de Cristo Jesús» (Filipenses 1:6) y es que Dios se encarga de caminar con nosotros el proceso de la formación.

Con sinceridad, la historia de RoJO va muy de la mano de estas ideas.

LA PREHISTORIA

Algunos creen que RoJO *comenzó* cuando salió el primer disco, pero no fue así. Hubo muchas cosas que tuvieron que pasar *antes*. Quizás algunos pensaron que «RoJO apareció de repente», pero la verdad es que no fue así en lo más mínimo.

Cada persona en el mundo es influenciada por su entorno y los principios con los que crece. Te platicaré de manera resumida lo que pasó antes de que se supiera de RoJO.

Nací y crecí en Hermosillo, Sonora, México. Crecí en una casa en donde siempre había música. Mis padres tenían el excelente hábito de comprar buena música *original* y escucharla durante el día. Y digo original porque aunque no lo creas, desde aquellos tiempos inmemoriales, los ochentas, ya había «primos», es decir, «no hermanos» que vendían música pirata... Era en «cassettes», pero sí había. Así que en mi casa a todas horas (muchas veces a la hora de dormir) se escuchaban canciones.

El hecho de haber crecido en ese ambiente, viendo y sintiendo lo que la música hacía, me hizo adquirir gusto, admirar y aun respetar todos los tipos de música con sus grados de dificultad. Había Pop, Balada, Mariachi, Rock, Regional (en muchos de los estilos y culturas de Latinoamérica), Cumbia, Coral, Infantil y uno que otro cultural de la época (poesía o discurso y hasta había un par de discos que tenían el Himno Nacional Mexicano).

Más que escuchar música como «crítico», aprendí a escuchar música «como público». La música que me hacía *sentir* era la música que disfrutaba más. No sabía los detalles técnicos y en ese tiempo no sabía quién tocaba en esos discos. Solo iba descubriendo el poder de la música al ir desarrollando mis sentidos. Aunque era muy niño, también me daba cuenta de que había canciones que más que emociones, despertaban un deseo de buscar a Dios; de tener relación con él.

Al haber crecido como el menor de siete hijos, yo no tenía voz ni voto para escoger lo que se ponía en el tocadiscos de la casa. Escuchaba la música que todos los demás en casa escogían y entonces fui influenciado por mucha de la música importante, tanto cristiana como del mercado general, de los setentas y ochentas.

LA INFLUENCIA DE MIS PADRES

Mis papás fueron personas muy genuinas y eran verdaderos discípulos de Jesús. Me gusta decir que ellos eran cristianos en la iglesia y en la casa (y no como otros que en la iglesia son unos ángeles y en la casa unos verdaderos demonios). Mis padres vivían para dar y servir. Tenían un corazón para la gente. Mi papá fue maestro de escuela pública y después se convirtió en director de región llevando el sistema de Telesecundaria a muchos lugares de Sonora. Esa pasión por ayudar de mis papás era muy auténtica y los llevaba a servir también en la iglesia. Visitaban a enfermos en casas, en los hospitales, visitaban a presos en cárceles, hospedaban gente en la casa, hacían viajes misioneros y hasta pastorearon de forma interina (que resultó ser por más de 5 años) en un pequeño pueblo cerca de mi ciudad llamado Ures. Todo eso me hizo saber que Dios era real y entendí que era posible no solo hablar de Jesús, sino practicar una relación con él ayudando a otros. En muchos sentidos, desde niño, me entró un deseo de ser como mis papás.

Siempre he sido introvertido, asi que no era nada bueno para hablar en público (para mí, tener de tres personas para arriba o un solo desconocido mirándome ya era considerado *público*). No tenía habilidades deportivas y en la escuela era un estudiante promedio. Pero desde que tengo memoria, la música era algo muy fácil de entender para mí. No me refiero a la teoría musical sino a lo emocional y a lo comunicativo de la música. Aprendí a tocar batería no sé desde cuando y los otros instrumentos (guitarra, bajo, teclado) los fui aprendiendo según había necesidad en la iglesia. Si faltaba alguien para tocar, pues había que aprender el nuevo instrumento.

COMIENZA EL DESEO DE HACER MÚSICA

Mis hermanos mayores estaban siempre involucrados en la música en la iglesia y mi mamá dirigía los «coritos[1]» en reuniones pequeñas. Por lo que veía a mi alrededor desde esa edad, me comenzó a gustar la idea de hablar de Jesús con la música.

En esos tiempos fué muy especial para mí que uno de mis hermanos mayores, Luis Enrique, me empezara a invitar para tocar más junto con él cuando era su turno de cantar en la iglesia o cuando participaba en algún evento. Uno de los grupos en que mi hermanos, Luis Enrique y Martha, participaban se llamaba «Acompáñame»; estaba formado por varios jóvenes de la iglesia y era dirigido por un joven emprendedor que estimo mucho: Isaac Mateos. El día que Isaac me invitó para tocar en «el Acompáñame» (como le decían de cariño) a mis 8 años de edad fué algo muy emocionante, pues no solo cantaban canciones muy buenas, sino que también podía tocar con músicos mejores que yo. En ese tiempo no me daba cuenta, pero el hecho de que otros músicos y adultos creyeran en mí me daba mucho ánimo a seguir aprendiendo música y a seguir disponible a servir en donde fuera.

---

[1] Por si no creciste en el folklor de la iglesia pentecostal, «coritos» se les decía a las canciones cortas de alabanza que se cantaban.

Como a mis 10 años me atreví a entrar a un concurso en donde debía componer y cantar una canción, y gané el segundo lugar. Creo que eso fue porque nos inscribimos tres pero a la hora del concurso uno faltó (¡lo cual también quiere decir que obtuve el último lugar!). Ese día (el del concurso) también aprendí que no se puede plagiar (o robar) a otros autores, pues lo que hice fue tomar el coro de un himno y poner los versos que yo quería. Así que, la canción no era «totalmente mía».

Algo que no puedo olvidar de mis tiempos de infancia es escuchar al cantante de música cristiana moderna (de esos tiempos) Andrae Crouch.[2] Aunque en mi casa había varios discos de él, la primera vez que entendí del poder que hay en usar la música para hablar de Jesús fue al escuchar el disco en vivo «*Andrae Crouch and the Disciples Live in London*» [Andrae Crouch y los Discípulos En Vivo desde Londres] y me marcó para siempre.

Yo no sabía inglés, pero había algo impresionante que me impactaba de ese disco cada vez que sonaba a todo volumen en mi casa. Yo escuchaba cómo Andrae siempre interactuaba con la gente. Los hacía cantar, reír y llorar. Pero el clímax era cantar y adorar a Jesús. En esos tiempos yo me consideraba un «baterista» y tenía un set increíble... bueno, los tambores eran de cartón, pero aun así era increíble. Así que cada vez que escuchaba ese disco de Andrae Crouch, en mi mente yo estaba en Londres tocando con él. Cuando escuchaba los aplausos de la gente, sentía y sabía que eran aplausos para Dios y no para los músicos o los cantantes, pero disfrutaba sentirme parte de eso.

Aunque no éramos una familia con muchos recursos ni dinero, mis padres me pusieron a estudiar en la mejor escuela de música de ese momento en mi ciudad. Mi papá en lugar de decirme el clásico «de la música te morirás de hambre», me decía: «Si vas a servir a Dios con la música, lo vas a hacer bien y serás lo mejor que tú puedas ser».

Obviamente esos estudios me ayudaron, pero además de eso, como mis hermanos mayores siempre estaban involucrados en grupos y bandas, fui comenzando a tocar en algunas de esas bandas con

---

[2] Andrae Crouch fue uno de los músicos más influyentes de los setentas y parte de los ochentas en la iglesia de Estados Unidos. Compuso y grabó canciones que ahora se consideran himnos de la iglesia, por ejemplo «Cristo es la respuesta» y «Mi tributo» (A Dios sea la gloria).

ellos. Me involucraba en todo lo que podía, y poco a poco ellos fueron involucrándome sin que yo tuviera que pedirles que lo hicieran. Tocaba en reuniones, cultos, vigilias de oración, matutinos, bodas, quinceañeras, funerales, campañas, viajes a la cárcel, escuelitas de verano, campamentos, asilos de ancianos, bautizos, conciertos, especiales en la iglesia, parques, serenatas en el día de la madre y hasta en la rondalla de mi escuela primaria.

No crecí en una familia perfecta o sin problemas, pero sí en una casa en donde se confiaba en Dios y algo similar ocurría en la vida y familia de los otros futuros miembros de la banda. Al mismo tiempo que a mí me pasaba lo que te estoy contando, Linda y Oswaldo crecían en casas en donde la música era parte de lo cotidiano de cada día y el amor a Dios se practicaba. En el caso de Rubén, él descubriría la música en su adolescencia, pero el resto tuvimos comienzos bastantes similares.

¿Por qué platico esto? Porque, aunque nuestro pasado no determina nuestro futuro, es importante que de jóvenes todos tengamos claro que al ser padres debemos ayudar a que nuestros hijos tengan experiencias de servicio y puedan descubrir talentos desde muy pequeños. Claro que hay músicos y artistas talentosos de todo tipo que no tuvieron ese privilegio, pero es más fácil cuando tus mismos padres te ayudan a sacar lo mejor de ti.

SIN APLAUSOS

Es usual que en los comienzos nadie aplauda. Es más, uno no sabe que son «los inicios». Por eso cada situación, cada experiencia vivida puede ser un escalón para lo que uno desarrollará en la vida. Aun las dudas y las experiencias difíciles que llegan en diferentes épocas de la vida pueden formarte para descubrir y poner en práctica talentos.

Años después veo cómo cada experiencia que viví me fue formando y me fue preparando para hacer lo que ahora hago. ¡Qué bueno que nunca condicioné el ayudar o servir! Estoy seguro de que si lo hubiera hecho, no tendría las experiencias que ahora tengo.

Para los que crecieron sin papás, o fuera de un hogar cristiano o no tienen un mentor cercano, es probable que al escuchar mi historia sientan tristeza de no haber tenido la misma oportunidad. Pero ten presente que con o sin adultos que te apoyen, todos comenzamos sin aplausos y solo con nuestro deseo y responsabilidad personal de mejorar.

En mi libro *Enséñame a Vivir* platico con más detalle cómo es que lo bueno y aun lo malo me fue formando para lo que hago ahora. Creo que si no hubiera estado dispuesto a hacer lo que hice, no hubiera sido sensible a los sueños que llegarían después y no hubiera desarrollado ciertas cosas que he alcanzado en la música que después se convirtieron en cosas «fáciles». Eso, en definitiva, también pasó con el resto de los integrantes de RoJO.

Quiero animarte a que comiences a servir y ayudar pronto en el lugar en donde estás y con los recursos que tienes. No condiciones tu servicio. Hazlo solo por el gusto de ver a otros en mejor posición y condición que la que están ahora. En ese proceso tendrás muchas satisfacciones y desarrollarás talentos que ni siquiera sabías que tenías. ¡Cada uno de nosotros tenemos talentos que no hemos descubierto todavía! Lo mejor es que cuando das, estás reflejando la manera más clara de ser un seguidor de Jesús. Él es el ejemplo máximo de dádiva. Él vino para servir y para dar, y al nosotros hacer lo mismo estamos iniciado una vida que luego será una aventura por contar.

TIPS PARA ALCANZAR TUS SUEÑOS

* Involúcrate en todo lo que puedas. Sirve en tu escuela, iglesia y casa. Al hacer eso descubrirás talentos que no sabías que tenías y también podrás ver en qué áreas debes dejar de invertir pues no son talentos innatos o desarrollables en ti.

* Rodéate de gente más inteligente, más talentosa y más espiritual que tú. Si no tienes un buen ejemplo en casa, búscalo en la iglesia. Las personas que aman a Jesús y reflejan su amor, te inspirarán y te influenciarán para bien.

* Hay un dicho que dice: «Basura entra, basura sale». Escoge bien lo que estás dejando que alimente tu mente y tu espíritu. Recarga las baterías de tus talentos y sueños con influencias positivas en lo que lees, escuchas y ves.

TIPS PARA PADRES, HERMANOS MAYORES Y LÍDERES

* Un niño que no sobresale académicamente en la escuela no es un niño «falto de inteligencia». Es un niño que su método principal de aprendizaje es a través de otras metodologías. Descubre cuál es el de tu hijo y ayúdale a encontrar sus talentos por esas vías.

* Escoge muy bien la música que escuchas. Tus hijos, hermanos o jóvenes están absorbiendo *todo* lo que sale de esas bocinas. Eso tendrá una poderosa influencia en sus vidas, aun si no se dedican a hacer música en el futuro.

* Anima a tu adolescente a involucrarse en diferentes actividades y enséñale con tu ejemplo a servir a otros. Ellos están observándote y viendo «el ejemplo perfecto de lo que es ser un adulto maduro». Es posible que seas el ejemplo más importante que tenga, lo cual te convierte en una influencia crucial en su formación.

CAPÍTULO 2
DE SUEÑOS Y TRISTEZAS

«No dejes que otros sueñen por ti, pues soñarán muy pequeños».
— John L. Mason

«Por lo tanto, ya no hay ninguna condenación para los que están unidos a Cristo Jesús».
Romanos 8:1

Mi adolescencia fue un tiempo desafiante, pero fue el tiempo en donde descubrí la fidelidad de Dios de una manera muy real.

No puedo decir con seguridad el cuándo, pero todavía siendo un niño, se descubrió en mi mamá un cáncer de seno. No recuerdo tampoco cómo fue que supimos la noticia, pero no puedo de ninguna manera olvidar que la fe de mis papás nunca decayó. Toda la familia se contagiaba de eso. Ellos seguían fieles en todo lo que hacían e inyectando un amor a Dios en nosotros por lo que hacían y por lo que decían.

Los que han vivido de cerca alguna situación similar en un familiar saben que es una montaña rusa de emociones. Hay quimioterapias, plegarias, mejorías y recaídas en la salud. Además hay esperas largas y viajes al hospital mucho más de lo normal. En medio de esos meses y años de lucha contra el cáncer de mi mamá, la fuerza de mis papás seguía sin bajar.

En octubre de 1988 mi mamá tuvo una recaída muy fuerte que, por primera vez, se comenzó a notar en su aspecto físico. Nos dijeron que el cáncer había avanzado a otras partes del cuerpo y que no había nada por hacer en la medicina. A pesar de eso yo seguía confiado en que Dios sanaría a mi mamá como lo había hecho en otras situaciones en personas cercanas a nosotros, y por eso la fe de mi familia como la fe de amigos cercanos no decaía.

El 13 de noviembre de 1988 era un domingo. Mi hermano Aby llegó a recogerme de un evento de la iglesia en donde yo había tocado. Me dijo que mamá estaba en el hospital. Pensé que era una visita más de las muchas que hacíamos. Al llegar al hospital y a pesar de ver a mi mamá respirando con dificultad, no dudé por un segundo que Dios la sanaría y que estaría en casa esa noche. Pero no fue así. Para la tarde de ese mismo día, mi bella madre obtuvo su graduación y se fue a estar con el Señor por toda la eternidad. Se fué a estar con su Salvador, a quien tanto amaba y de quien tanto hablaba, cantaba y daba testimonio. ¡Se fue a descansar en los brazos de Jesús!

Me sentí desorientado pues no hay nada que te pueda preparar para la pérdida de un ser querido, menos cuando se trata de uno de tus padres. Lloré, pero lloré con esperanza. Esa noche lloré sabiendo que estamos en la tierra por un corto tiempo, pero el pensar en mi madre disfrutando ya el estar en la presencia de nuestro redentor me hacía sonreír y no perder el piso. Esa noche había cuatro amigos de la familia conmigo en el hospital, entre los cuales estaba mi mejor amigo Ramón Franco (y que ahora es mi cuñado pues se casó con mi hermana Martha); hasta entonces fue que entendí de lo que se trata el cuerpo de Cristo. Ellos lloraron conmigo, sin hablar mucho. Fue especial.

Esa noche, antes de que mi mamá muriera, mi hermano Luis Enrique fue a la iglesia para hacer su trabajo que cada domingo hacía dirigiendo el tiempo de alabanza en la congregación. Él platica que en medio del tiempo de adoración vino a su corazón el pasaje de Job: «El SEÑOR ha dado; El SEÑOR ha quitado. ¡Bendito sea el nombre del SEÑOR!» (Job 1:21). Esa fue una palabra que me dio una tranquilidad increíble en ese tiempo. Dios nunca nos había dejado. Aunque al momento no entendía la razón de lo que pasaba, sabía que Dios sí lo sabía.

OTRA DESPEDIDA REPENTINA

Yo tenía 12 años, los días y meses siguientes a la muerte de mi mamá fueron un tiempo de adaptación para todos en casa. Despertar cada día y no tener la voz y la presencia de mi mamá era algo a lo que no era fácil acostumbrarse. Tenía muchas preguntas que no me atrevía a hacer.

En medio de todo sabía que podía confiar en Dios, aunque no entendía muchos «porqués». En los siguientes veinte días, después del funeral, celebramos el cumpleaños de mi hermano Aby, de mi papá y el mío. Se sentía extraño no tenerla. Cada uno seguíamos en un cierto luto secreto. Pero también seguíamos celebrando su vida hablando de ella o recordando cosas chistosas que decía, y es que a pesar de la pérdida dolorosa, en mi casa hubo esa paz que solo Dios da. Una paz que no se entiende y tampoco la puedo explicar.

En esos meses recuerdo que nos esforzamos extra por ser comprensivos unos con otros, pero algo más vino a interferir con nuestra adaptación. Era febrero cuando le llegó a mi papá una gripe que al no poder controlarla le hizo hospitalizarse por un día a sugerencia del médico. Pero aun así la gripe se complicó y días después se convirtió neumonía. Un día se transformó en varios en el hospital, y al ya estar en terapia intensiva, mi papá también recibió su graduación y murió el 25 de febrero de 1989. Así es. En un espacio de menos de cuatro meses había perdido a mis dos padres. Los meses y años siguientes fueron muy duros. Nadie está preparado para situaciones así.

Era curioso porque a pesar de que mi corazón estaba triste, en mi mente de adolescente me di cuenta de que a partir de entonces, ya no tenía «policías en casa» ni tenía que rendir cuentas de calificaciones en la escuela. No tenía que pedir permiso para ir a donde yo quisiera. Poco a poco, me fui «enterando» que mis decisiones eran *mías* y que no podría culpar a nadie más si en algo decidía mal.

De hecho en esos tiempos comencé a valorar el aporte de mis papás a mi vida. Imagino que eso le pasa a todos, después que muere un ser querido, pero creo que al ser algo temprano en comparación a otros…

Gracias a la fidelidad de Dios todo ese tiempo tuve la gran ventaja de tener personas cerca de mí que se interesaron en saber que estuviera bien. Mis hermanos comenzaron a casarse y algunos me invitaron a que viviera con ellos, pero no quería vivir con «otra familia», así que al poco tiempo ya vivía solo en mi casa.

En todo esto comencé a valorar la fidelidad de Dios. Mi vida devocional era todavía muy raquítica, pero el amor de las personas alrededor mío era un mensaje directo del cielo.

REDESCUBRIENDO LA MÚSICA

La música era algo que me ayudaba a conectarme con Dios. Desde mi niñez, gracias al ejemplo de mis papás y mis hermanos, me daba cuenta de que la música jugaba un papel importante en la vida de *todas* las personas. No a todos les gusta o les interesa adentrarse en temas políticos o sociales. No todos son fanáticos de los deportes o de ver trescientas películas al año. Pero si hay algo que nos caracteriza a todos los seres humanos es que disfrutamos la música. Hay algo especial en ella.

> A TRAVÉS DE LA MÚSICA SE PUEDE LOGRAR QUE LA GENTE RECIBA Y MANTENGA ALGO EN SU MENTE POR MÁS TIEMPO QUE SI SOLO LO DIJERAS CON PALABRAS

Por eso desde que tengo memoria recuerdo que quería dedicarme a hacer música. No era un deseo de hacer música para pararme en una plataforma y recibir aplausos. Tampoco era demostrar a la gente algo que pudiera hacer. Era porque a través de la música puedes comunicar literalmente lo que quieras y la gente lo recibirá. Si te has dado cuenta, a través de la música se puede lograr que la gente reciba y mantenga algo en su mente por más tiempo que si solo lo dijeras con palabras.

En esos tiempos empecé a poner atención a la música que estaba alimentando la mente de mucha gente de mi generación e incluso puse más atención a la música que yo escuchaba. Me dí cuenta de que cierta música y sus palabras, al escucharlas, influían en mi manera de pensar respecto a ciertos temas. Desde la autoridad, la sexualidad y cómo manejar la responsabilidad. De a poquito me di cuenta de cómo toda la música estaba plagada de egoísmo. Era un acto de cantar de «lo que me hace sentir bien y si no te gusta me vale». Claro que no lo tenía tan claro como ahora, pero en esos tiempos me entró un deseo de hacer música diferente, algo que inspirara a otros a vivir diferente. A conocer al Jesús que yo había conocido en casa y con quién ahora yo ya estaba relacionándome independientemente de mis padres.

Así fue que al descubrir el poder la música y pensar en mi propia experiencia con la fidelidad de Dios, pronto ya no podía pensar en otra cosa más que en hacer canciones que ayudaran a otros a conectarse con Dios.

LA NUEVA AVENTURA CON DIOS

Hubo un momento muy interesante y difícil en mi vida cerca de mis quince años, en donde tenía todas las preguntas y dudas del mundo. Bueno, al menos desde mi punto de vista. Sentía y estaba seguro de que Dios me estaba hablando; que me estaba dirigiendo, y aunque tenía muchos sueños, no veía cuál sería la manera de lograrlos. Sabía que quería hacer música para mi generación y ayudarles a encontrar a Dios. Pero me enfocaba más en lo que me faltaba que en lo que tenía a la mano. Me comparaba con otros y al hacerlo siempre salía de perdedor. Cargaba con la culpabilidad de no poder mantener mis promesas a Dios y cada semana me llenaba de preguntas como las de esta lista:

- ¿Cómo vas a ayudar a otros a encontrar a Dios si tú mismo eres un desastre?

- ¿No sabes que Dios está enfadado de que pidas perdón por el mismo pecado cada semana?

- ¿Cómo vas a lograr los sueños que tienes si no eres tan talentoso, carismático o atrevido como otros?

- ¿Con cuál dinero piensas hacer lo que quieres hacer?

Y al intentar responder siempre llegaba a una conclusión: ¡No hay manera!

No sabía que la mente es el blanco del enemigo y es ahí en donde muchos pierden las batallas. No había entendido lo que el apóstol Pablo le comunicaba a los romanos:

«No se amolden al mundo actual, sino sean transformados mediante la renovación de su mente. Así podrán comprobar cuál es la voluntad de Dios, buena, agradable y perfecta» (Romanos 12:2).

Pero en esos días, exactamente la semana más baja que había tenido en mucho tiempo y sintiéndome vencido, fue que llegó un predicador a mi iglesia. Porque era un 14 de febrero, en México es cuando se celebra el día del amor y la amistad, imagino que habló algo del amor de Dios, pero no recuerdo una sola cosa de lo que dijo.

Por esos meses vivía solo en mi casa ya que todos mis hermanos se habían casado, y había estado pensando mucho si realmente valía la pena tratar de entregar todo a Dios si no era muy popular hacerlo. Pensé y estaba comenzando a convencerme de que «necesitaba amor». La mayoría de los chicos que conocía comenzaban a tener experiencias sexuales con sus novias o conocidas y pensé que no estaría mal probar. Razonaba dentro de mí: «Hace falta un poco de amor en mi vida». ¿Qué adolescente no se ha sentido así?

Ese 14 de febrero había planeado salir con algunos conocidos de no muy buena influencia, pero de último momento decidí ir a la reunión en donde estaría el predicador invitado.

Al final de la enseñanza el predicador me buscó y me dijo: «Dios quiere decirte algo». No le dije nada, pero con la mirada y encogiendo los hombros le dije algo como «...pues dale». Así que me empezó a decir que mis notas musicales se escucharían en muchos lugares y que mis canciones se cantarían en muchos países. Mientras él decía esto, movía sus manos como tocando el piano, y como el piano era lo que menos yo dominaba (hasta el día de hoy), comencé a pensar:

– Este hermano se equivocó de persona.

Sonaba bonito, pero en ese instante no lo creí ni por un segundo. Principalmente no lo creí porque sabía que mi relación con Dios no estaba muy bien; cargaba con culpabilidades que no había platicado a nadie y estaba con todas esas dudas que te estaba contando hace un momento.

Frases como:

– ¿Cómo crees que Dios te puede hablar? ¡Mira como estás!

– Acuérdate que ya has tenido emociones como estas pero después sigues siendo igual.

Retumbaban en mi cabeza.

Luego de hablar, el predicador me miró fijo a los ojos y me dijo:

– Pero sobre todo, Dios quiere que sepas que no tienes que buscar su amor en ningún lado. Él quiere que sepas que te ama incondicionalmente y en este momento *él* quiere abrazarte.

Después de eso me dio un abrazo.

Ese abrazo es de los más importantes en mi vida porque fué puntual. Mientras el predicador me abrazaba lloré como hacía años no lo hacía. No eran lágrimas de emoción solamente, sino era una nueva convicción que entraba a mi vida. Dios me ama. ¡Dios realmente me ama!

El predicador que me abrazó fué Joe Rosa.

Creo que solamente las últimas dos veces que he visto a Joe Rosa no le he agradecido que se haya tomado el tiempo de hablarme lo que sintió de Dios decirme aquel 14 de febrero. Digo «las últimas dos veces» porque las decenas de veces antes, cuando lo veía, siempre le agradecí. Esa noche fue el principio de algo nuevo. Los que me conocen, saben que no soy muy «emocionalista» (si es que existe esa palabra), pero ese día, las palabras de este hermano de parte de Dios habían sido más que una emoción.

Con sinceridad, me fui de allí sin creer ni importarme lo que me dijo de la música. Lo que me libertó e hizo tomar un nuevo aire en mi vida fue saber que Dios me amaba así como era y como estaba.

Pero por favor, toma nota que cada situación es diferente. En mi caso y ese día, Dios usó a Joe Rosa, pero la mayoría de las veces cuando Dios me ha hablado lo ha hecho con su Palabra, con la Biblia, en una conversación normal con un amigo, un libro o en oración. Hasta en alguna película o algo de la naturaleza. Así que no tienes que esperar que un profeta te venga a decir qué hacer con tu vida.

Muchos creen que esa es la manera de vivir: esperar que alguien que «está más cerca de Dios» les diga qué decisiones tomar.

En mi caso, después de esa noche recordé todas las veces en que Dios me había hablado pero yo no había puesto atención. ¡Qué bueno que ese día sí puse atención!

No estoy diciendo que partir de allí comencé a vivir de manera perfecta, pero sí una vida en libertad. Descubrí que aunque soy pecador, no tengo que ser esclavo del pecado. En esos tiempos comencé a caminar con Dios, pero no en la onda religiosa, sino que comencé a conocer al Papá y amigo que me faltaba.

¿TU CASO?

Quizás tú como cada uno de nosotros en RoJO has tenido las mismas preguntas y has sentido las mismas cargas. Es probable que hayas estado a punto de tirar la toalla. Tal vez, has decidido ser como los demás, pero, si ese es tu caso, no lo hagas. El amor incondicional de Dios está a un abrazo de distancia. Él te ama tanto y quiere tanto mostrarte su amor que si tan solo pones atención, podrás ver que Dios te sorprenderá con su ternura. Te mostrará un poco de los planes que tiene para ti. (Y digo «un poco» pues es así como Dios nos va mostrando el camino a tomar, poco a poco, pues si nos muestra todo quiza nos paralizaríamos y no haríamos nada por el miedo).

No busques su amor en una chica o un chico. No abandones los sueños que sabes que él te ha dado. No tires las promesas que sabes que son tuyas. Siempre, cuando las cosas pasan en *el tiempo de Dios*, serán en el mejor tiempo. No trates de adelantar nada. Créele y lánzate a sus brazos.

Es más, quiero invitarte a hacer algo ahora mismo: cierra tu ojos (todavía no, sigue leyendo), pon tu brazos alrededor de ti y visualiza a nuestro Dios. El Dios que es el padre perfecto, el papá que no se va; míralo abrazandote. Lo que Dios quiere de tí es a tí, no lo que puedas hacer por él. Por eso recibe su amor y agradécele.

Después de que Dios habla le toca *a uno* tomar las decisiones. Desde ese encuentro con la verdad de Dios, comencé muy fácilmente a tomar decisiones (lo cual antes no hacía, solo vivía el día a día sin un plan). Decidí lanzarme a mis sueños y para eso, el primer paso era aprender todo lo que pudiera.

Aunque sabía un poco de las cosas que quería hacer con la música, reconocí que tenía mucho que aprender y a partir de esa fecha me consideré un estudiante de la vida y de la música. Otra de las cosas importantes que decidí fue cambiar de amigos. Comencé a leer todo lo que pudiera y eso que antes no había tantos libros buenos para jóvenes como los de Especialidades Juveniles y otras editoriales como los hay ahora. No me puse de novio y en cambio, pasé más tiempo en mis instrumentos musicales (y esto de decidir no tener novia fue por unos meses objeto de burla, pues mis amigos y algunos adultos me preguntaban en son de «broma» si me gustaban las mujeres o si me había convertido en un abuelo, pues pasaba mucho tiempo en mi casa prácticando música). Terminé la escuela preparatoria y me fui a la Ciudad de México para prepararme.

Mis planes no estaban muy definidos, pero comencé a aprender a escuchar a Dios y eso bastaba.

TIPS PARA ALCANZAR TUS SUEÑOS

* Nunca es tarde para volver a los brazos del Padre perfecto. No importa cuál sea tu pasado o si has roto promesas. Vuelve.

* Escoge bien a tus amigos. Una de las influencias más poderosas de tu vida serán los amigos que tienes. Si tienes una vida mediocre seguramente será por los amigos que tienes y lo que pones en tu mente. No culpes a Dios, a tus padres o al gobierno por las decisiones que tomas.

* Toma las decisiones antes de estar en el momento de tentación. Aprende a no estar en los lugares o con las personas que sabes te llevarán a que seas tentado en lo que estás tratando de cambiar o abandonar.

* Acostumbra pedir consejos y practicarlos. Tener consejos en la mente y no vivirlos es como estar muriéndote de hambre a la vez que guardas veinte barras de oro debajo de tu colchón. Si quieres tomar buenas decisiones, rodéate de buenos consejeros.

* Si no piensas casarte el año entrante, no tengas novio(a) todavía.

* Aprende a escuchar a Dios. Dios quiere hablarte en su Palabra. Puedes encontrar alimento para tu corazón.

TIPS PARA PADRES, HERMANOS MAYORES Y LÍDERES

* Invierte en tus hijos y hermanos. Aunque al momento no te lo agradezcan y ya no se dejen abrazar o besar, sigue diciéndoles cuánto crees en ellos y cuánto pueden lograr si son consistentes y aman a Dios con todo el corazón.

* Amar a tus hijos incondicionalmente no garantiza que no se rebelarán. Ellos sabrán que el único lugar seguro a donde regresar será casa por que han experimentado tu amor hacia ellos. Algo similar ocurre cuando eres un buen líder. Si estás ahí en los momentos difíciles, no importa que un día tus jóvenes decidan mal, tarde o temprano volverán con quien los ha hecho sentir acompañados en las malas.

* Usa tus palabras para inyectar ánimo a los adolescentes o jóvenes cerca de ti. Aunque no veas el resultado inmediato, lo que estés sembrando en ellos traerá frutos en su tiempo.

Familia Espinosa: (Arriba Izq-Der) Paco, Marta, Cecilia y Luis Enrique (Abajo) Aby, mamá Célida, Emmanuel, papá Francisco y Ester.

Este fue mi cumpleaños luego de que mamá falleciera.

Esta es la última foto con toda la familia junt

CAPÍTULO 3
LA ESPERA

«La gracia de Dios es gratis, pero no es barata».

– Dietrich Bonhoeffer

«Deléitate en el SEÑOR, y él te concederá los deseos de tu corazón».

Salmo 37:4

Mis sueños estaban claros, pero no tenía idea del tiempo exacto en que se lograrían. Ni siquiera sabía *cómo* se lograrían. Solo sabía que además de confiar en Dios, debía prepararme y aprender todo lo que pudiera.

Al terminar la preparatoria me fui a la Ciudad de México. Aproveché que mi hermano mayor, Paco, y su esposa, Mimi, vivían allá. Me fui con el plan de prepararme antes de hacer mi banda. Al llegar a la ciudad más grande del mundo, me di cuenta de que me faltaba mucho por aprender y era más de lo que yo pensaba.

Viajaba en metro, microbús y a veces en taxi. Sin afán de decirte que era alguien *mega-espiritual*, me daba cuenta de la necesidad de Dios en toda la gente. Seguía pensando en ideas para hacer música que hablara de Jesús y lo que él es y hace por la gente.

Me molestaba notar que los artistas seculares del momento hablaban de lo que se les antojaba sin importarles el efecto negativo que podían tener en la gente. Ponían mensajes degradantes a la mujer, de rebelión y de basura en las mentes de los jóvenes. Me impresionaba que con música bien hecha por detrás, esos mensajes se aceptaban como si se estuviera hablando de caminar en el parque. En ese momento no lo sabía, pero esa carga que sentía, y que había comenzado a experimentar cuando estaba en Hermosillo, se iba haciendo más fuerte y llegaría a definir gran parte de mi llamado en la vida.

Mientras viví en el «DF» pasaba mi tiempo siendo asistente de Ronny Huffman, cuando yo tenía 15 años, en el estudio de la conocida banda Torre Fuerte (formada entonces por Héctor Hemosillo, Heriberto Hermosillo y Álvaro López). Había conocido a Ronny dos años antes mientras hacíamos la grabación de mi hermano Paco, y hasta hoy Ronny es la persona de quien más he aprendido de producción y mezcla. Estudiaba en la escuela de música «El Salmista» que fundó Miguel Cassina y en donde enseñaba Elías Amabilis, entre otros excelentes maestros. Fue allí que comencé a hacer arreglos para mi cartera de clientes, que por ese tiempo eran cero pero ya estaban en mi imaginación.

Mientras más aprendía de música y cómo hacerla en el estudio, más crecía mi carga y mis ganas de hacer música para mi generación. Veía más claro lo que quería lograr. Seguía sin saber cómo se lograría, pero estaba más cerca y por lo pronto seguía aprendiendo y ensayando todo lo que pudiera.

SIRVIENDO A OTROS

Dos años antes ya había conocido a Marcos Witt. Lo conocí tres días después del abrazo que Dios me dió a través de Joe Rosa aquel 14 de febrero. Marcos y mi hermano Paco habían coincidido en algunos eventos, entonces ellos se conocían. Asi que al ir Marcos a mi ciudad en su gira fue que pudimos saludarnos y hablar un poco de mis planes (sí, ¡Marcos es un visionario que va al grano en todo! :-)). Cuando era yo un niño y escuchaba la grabaciones primeras de Marcos, me imaginaba tocando con él, pero la batería. Así que cuando estuve en el concierto me di cuenta de que eso de tocar batería con él no se daría pues estaba estrenando un baterista en esa gira, de hecho, Hermosillo era la primera ciudad a la que llegaba este nuevo baterista: Randall Gonzalez.

Algo muy especial de ese día es que conocí también a Cesar Garza, el productor de los discos de Marcos Witt que hicieron la bomba en la música cristiana («Adoremos», «Proyecto AA», «Tú y yo»). César estaba en su última gira con Marcos tocando teclados, pues comenzaría una nueva banda llamada «Alas de Águila».

La espera

Después de haber pasado esa hora con Marcos, en los meses que siguieron visité Durango, en donde Marcos basaba su empresa y ministerio, y habíamos seguido en contacto luego de que nos presentaran. Pero fue después de vivir unos meses en la Ciudad de México que Marcos me invitó a mudarme a Durango para ser parte del staff de producción y viajar con él tocando el bajo en su banda.

Lo curioso de eso fue que hasta ese momento él todavía no me había escuchado tocar en vivo, por lo que yo estaba sorprendido. Después supe que la invitación fue porque Héctor Hermosillo y Ronny le habían hablado bien de mí. En diciembre le confirmé que lo haría y en enero de 1994 fue la primera vez que toqué con él en Tegucigalpa, Honduras.

Hubo algo importante que decidir al momento de recibir esa invitación. Al aceptarla, supe que debía poner pausa a mis sueños y planes de hacer una banda, pero lo hice con mucha alegría y paz. Recuerdo que oré y me prometí a mí mismo que daría el 100% de mi tiempo y creatividad a la visión de Marcos, y fue tan real la pausa que dejé de hablarlo con otros, dejé de orarlo y dejé de escribir ideas o canciones para la banda. Claro que lo hice porque estaba entusiasmado con el nuevo proyecto, pero no fue porque me había olvidado de mi sueño. Lo que estaba entendiendo fue que no hay manera que Dios te dé personas que te acompañen en tus sueños si no has ayudado primero a los proyectos y sueños de otros.

Desde 1994 hasta el 2000 viajé con Marcos sin interrupción, y estoy muy agradecido con Dios y con Marcos por la oportunidad de aprender tantas cosas a su lado. Tengo muchas anécdotas y lecciones que platicar, pero ahora te contaré una que nunca había mencionado. Al cumplir seis meses de colaborar con él, tengo que confesar que ya quería desertar y regresar a mi plan pues yo no estaba acostumbrado al estilo de liderazgo de Marcos y sentía que me exigía demasiado. Ahora me da risa pues me doy cuenta de que más bien yo no estaba acostumbrado a la disciplina. Lo bueno fue que al pensarlo bien y orar, decidí quedarme en el plan que había decidido antes «con alegría y paz», y al cambiar mi actitud, todo el resto también cambió. Marcos y las circunstancias no tenían que cambiar. ¡Era yo!

¡Qué bueno que no me fui antes de tiempo! Al trabajar con él aprendí a manejar mejor el tiempo y a no enamorarme de mis canciones. Él me hizo notar cuán común es que muchos músicos sientan que lo que hicieron no se puede mejorar y es la «mejor composición de la historia». Aprendí a ser paciente, a esperar en Dios, a trabajar con gente de diferentes personalidades y temperamentos. Comprendí la importancia de cuidar presupuestos y de entender que es más importante servir que ser servido. Sobre todo pude reconocer que todo lo que se hace en el ministerio debe ser para que Dios sea exaltado.

SE COMIENZA A FORMAR EL EQUIPO

Una de las mayores bendiciones de haber trabajado con Marcos es que fue a través de eso que conocí a mi esposa. Todo sucedió durante la grabación del disco «Recordando una misma senda». Marcos me encargó algunas tareas y eso me dio la oportunidad de conocer a Linda. ¡Fue una bendición el comenzar a conectarme con Linda y una bendición doble porque era con el dinero de Marcos que visitaba a Linda «para trabajar» en esas ocasiones!

El disco «Recordando...» tenía canciones e himnos que han marcado la historia de la iglesia Latinoamérica y Marcos quería tener un Mariachi, por eso viajé a Tucson, la ciudad en donde Linda vivía con su familia, para grabar al único Mariachi con gente cristiana que conocía el cual era el de los hijos del Dueto Moreno, que se llamaban «Mariachi Los Salmos».

Los papás de Linda, Eliezer y Linda Moreno, son unos pioneros en la música regional mexicana y sus discos y canciones son conocidas en muchas ciudades de Latinoamérica. Uno de esos muchos hogares a donde llegó la música de mis suegros fué mi casa, y cuando era niño esos discos rotaban mucho en el tocadiscos. Recuerdo que en una de las portadas de los LP, estaba la foto de la familia entera y ¡nunca pensé que un día me casaría con una de las niñas en la foto!... y con todo respeto a mis cuñadas, me casé con la más bonita.

Cuando conocí a Linda lo que me impresionó mucho de ella fue que, además de lo bonita que es, estaba involucrada en muchas cosas en su iglesia y el ministerio de sus papás. Enseñaba a niños, tocaba en el Mariachi, cantaba en la iglesia , hasta era camarógrafa en la grabación del programa de televisión que la iglesia tenía. Y... tenía una de las carcajadas más fuertes que había escuchado.

LA ESPERA

A los pocos meses de conocer a Linda nos hicimos novios, y a los pocos meses de ser novios comenzaron a resurgir en mí los sueños de hacer una banda para ayudar a que los jóvenes se conectaran con Dios. Le fui platicando a Linda de mis ideas y sueños. Nunca había conocido a alguien que creyera tanto en mí y que me animara como lo hacía Linda. Comenzaba a saber que ella era demasiado especial. De hecho comenzaba en mi mente la idea de invitarla a cantar en la banda, porque hasta ese momento yo no pensaba cantar ni siquiera voces de fondo.

Al mismo tiempo, mientras viajaba con Marcos, conocí a muchos músicos. Comencé a «echar ojo» para ver a qué personas incluir en la banda. Gracias a lo que había aprendido con Marcos, estaba buscando personas con la actitud correcta, que no tuvieran problemas con la autoridad… y no hablo de la policía, sino con el liderazgo en general. Lamentablemente, los músicos hemos hecho fama de ser un «poco» rebeldes. Buscaba personas que fueran transparentes y que tuvieran deseo de hacer música para usarla como un vehículo para ayudar a otros a encontrar a Dios.

Entonces, volví a pensar en gente de Hermosillo, la ciudad en donde crecí. Le hablé a Rubén, pues ya habíamos tocado juntos cuando yo todavía vivía allá, y él, al poco tiempo, me recordó de Oswaldo. Al principio no me acordaba de él, aunque éramos de la misma iglesia. La razón por la que no lo recordaba es porque al poco tiempo de él llegar a mi iglesia yo me fui a vivir a la Ciudad de México. Además, Oswaldo era todavía más callado en esos tiempos. Ahora ya habla veinte palabras al día aproximadamente, pero antes eran veinte ¡a la semana! Ja. Después supe que habíamos tocado juntos en una boda, pero aun así no lo recordaba. Eso sí, despues de convivir con él y escucharlo tocar es como si hubieramos sido amigos desde niños.

Las actitudes y la filosofía de la vida de Oswaldo y Rubén hablan muy bien de sus papás, pues la influencia de ellos, en gran parte, es lo que los hace las personas que son hoy en día. Son personas de los que nunca escucharás una queja. Con ellos, lo que ves es lo que es. No son personas de doble cara o doble ánimo.

Linda fue la que me dijo de probar a su hermana Annette para invitarla a la banda y al poco tiempo de escucharla no quedó duda en mí en hacerlo.

Annette cantaba desde niña y podía hacerlo súper bien ¡aun sin monitores! Ella había viajado con sus papás desde los tres años de edad y estaba muy involucrada en su iglesia y componiendo canciones.

Ya que yo no pensaba cantar, seguía buscando una voz varonil para la banda, pero después de casi un año me dí por vencido y entonces decidí hacerlo. Aparte del concurso en donde gané el último lugar y otro par de intentos, *nunca* había cantado, además, eso había sido muchos años atrás.

Así fue que se formó la banda. Aunque el momento oficial del inicio de RoJO lo consideramos el año 2000, fue desde 1998 que la banda comenzó.

ESTABLECIENDO DIRECCIÓN

Estábamos listos en cuanto al equipo de gente, pero todavía no estábamos listos en cuanto a sentir la dirección específica de Dios. Lo que menos quería es que esta banda fuera «una banda más de canciones decentes». Así que, aunque había ganas, oportunidad de grabar y algunas canciones, decidimos esperar. Con los años había aprendido que lo más importante al hacer música, más allá de la capacidad de los músicos, es tener claro lo que uno quiere comunicar y saber hacerlo. Es decir, tener claro el «qué» es importante, pero es aun más importante el «para qué», y no quería ir adelante mientras todavía Dios estaba aclarando la dirección a tomar.

En esos tiempos todos seguíamos en donde estábamos pues no sentíamos la luz verde de Dios para dejar lo que estábamos haciendo y lanzarnos por completo a la banda. Lo primero que decidimos fue que seguiríamos en contacto y oraríamos para que fuera el tiempo de Dios cuando hiciéramos el inicio oficial.

En los tiempos que RoJO no era todavía «oficial», tocábamos en algunas ciudades. Nos invitaron a Los Ángeles, California, a un congreso que mi hermano Luis Enrique organizaba, y también nos invitaron a Hermosillo y Nogales. Para mí personalmente era un reto grandísimo pues aunque no tenía dificultad en tocar el bajo, cantar y sobre todo *comunicar* lo que estaba en el corazón, era algo muy nuevo. Aunque siempre había estado en bandas, me di cuenta de que estar «atrás» apoyando a alguien es mucho más fácil que estar al frente y llevar la carga más pesada.

La espera

Algo bueno que pasaba es que una vez que nos íbamos de la ciudad que visitábamos era que nos volvían a invitar (lo cuál me ayudaba a medir que si nos volvían a invitar es que algo bueno quedaba en el espíritu de la gente). Aparte de eso, seguíamos practicando y componiendo, pero todavía en espera. ¿En espera de qué? Sinceramente, acá pudiera decirte algo muy «espiritual» y con tintes de «sabiduría impresionante», pero la verdad es que no sabíamos, pero estábamos seguros que debía ser una *dirección* de Dios.

En ese tiempo yo seguía colaborando con Marcos y en grabaciones de otros amigos. Algunos de ellos tenían una visión similar a lo que yo quería hacer, pero sin problema colaboré con ellos pues sentía que la necesidad, más que hacer mi banda propia, es que hubiera música que comunicara a esta generación la verdad y el amor de Dios. Era 1999 y en ese año fue que Linda y yo nos casamos.

Mientras los sueños de la futura banda estaban definiéndose, trabajé en producciones de Jesús Adrián Romero, Danilo Montero, Jaime Murrell, Zona 7, mis hermanos Paco y Luis Enrique Espinosa y muchos otros músicos que me permitieron usar los jugos creativos que Dios me había regalado y mientras perfeccionarme para lo que estaba por llegar.

Linda junto a su familia con el Mariachi en la grabación de «Una noche para recordar». (Izq-Der) Annette, Karina y Linda.

De Gira con Marcos Witt.

En alguno de los tantos conciertos formando parte de la banda de Marcos Witt.

Emmanuel y Oswaldo en el '96 grabando el disco de Paco (hermano de Emmanuel).

Emmanuel y Ronny Huffman en la producción del disco de Paco.

Rubén y Oswaldo formando parte de la banda estable de Luis Enrique Espinosa. Luego dejaron la banda para continuar de lleno con RoJO.

TIPS PARA ALCANZAR TUS SUEÑOS

❋ Me impresiona que Jesús sabía de su llamado desde los 12 años (¿recuerdas cuando sus papás lo olvidaron en Jerusalén y lo encontraron en el templo?) pero no porque sabía su llamado se fue de la casa a buscar sus doce discípulos. ¿Sabes tu llamado? Si lo sabes qué bueno, pero asegúrate de servir y florecer en donde estás antes de pensar en irte a otros lugares.

❋ Si Dios no te ha dicho que te vayas de donde estás, no te muevas. Aprende todo lo que puedas para que desarrolles más tus sueños y además descubre cómo trabajar con personas de diferentes personalidades y temperamentos al tuyo.

❋ Usa el cerebro para escoger a tu pareja. La decisión más importante aparte de definir tu eternidad es escoger a la persona con quien pasarás y harás equipo el resto de tu vida. No lo tomes a la ligera.

TIPS PARA PADRES, HERMANOS MAYORES Y LÍDERES

❋ Anima a tus jóvenes a soñar y dar pasos prácticos en cuanto a ellos.

❋ Enséñales lo importante que es decidir casarte con la persona correcta y cómo todo eso afecta para bien o para mal los planes futuros. No dejes que hable de eso con otros. Es un tema demasiado importante como para que no lo hables con un joven que amas.

❋ Aclara a tus jóvenes la diferencia del «qué» hacer con el «para qué» hacer. El «qué» es muy facil de definir, el «para qué» no lo es tanto.

❋ Inspira a tus jóvenes a ser fieles y crecer en donde están.

❋ Enséñales, con experiencias personales, el valor de la paciencia.

CAPÍTULO 4
LA VISIÓN SE DEFINE

«Vas a tener lo que tú quieras cuando ayudes a otros a tener lo que ellos quieran».

-- Zig Ziglar

«Donde no hay visión, el pueblo se extravía».

Proverbios 29:18

Al comenzar con RoJO tenía claro que debía tener una visión definida. Lo sabía porque a los dieciocho años de edad comencé a practicar continuamente lo que mis papás tanto me decían: Leer. Aunque al principio me obligaba a mí mismo a leer, al poco tiempo formé el hábito que hasta ahora tengo y que tanto me ha ayudado a avanzar.

Fue leyendo que aprendí que todas las personas exitosas en el mundo tienen una razón de existir y un plan de vida. No les cae del cielo o se los revela un ángel. Se trabaja con mucha diligencia en los verdaderos deseos e intenciones de uno mismo.

Todo comienza con una carga o incomodidad respecto a la cual quieres hacer algo. *Toda* visión exitosa es una en donde sirves o ayudas *a alguien más*. Es donde al realizar tu proyecto dejas a alguien mejor de lo que estaba. Revisa la visión de cualquier empresa u organización y confirmarás que cada una tiene el fin de mejorar la vida de un individuo o un grupo de personas. Sobre todo eso, los que amamos a Jesús buscamos una visión en su voluntad, por eso es clave, además de pedir consejo, el escuchar a Dios en su Palabra.

Así que trabajé en eso por algunas semanas. También, el trabajar en CanZion me ayudó a ver cómo y por qué se hacía una visión, una misión y los valores fundamentales.

Antes de trabajar en la visión de RoJO trabajé en la mía. Pero después de intentar, y no poder separar mi visión de lo que quería lograr con RoJO, simplemente traspasé mi visión a la visión de la banda. Desde 1998 la visión de RoJO y la mía son tan simples y poderosas como estas palabras:

«Ayudar a que la gente se conecte con Dios y
encuentren su propósito en la vida».

Oficialmente para nosotros la música es una excusa para lograr nuestra visión. Todo lo que hacemos va encaminado a eso. Las canciones, las giras, los «blogs», los seminarios, lo que escribimos y hablamos es para lograr que la gente pueda enchufarse con Dios y sepan para qué existen. Nunca hemos hecho giras para «promoción de un disco» o de nosotros mismos. Si fuéramos a una ciudad o hiciéramos un disco y la visión no se lograra, sería una horrible pérdida de tiempo.

Te confieso que tener la visión definida y escrita no hizo las cosas más fáciles, pero sí más claras. Los desafíos seguían, pero ahora que el enfoque estaba claro sabíamos a qué decir que sí y a qué decir que no.

Lo siguiente fue invertir mucho en arrancar. Financiamos viajes, pagamos por mucha gasolina y tocamos sin que nos pagaran o dieran para los gastos. Comenzamos a recibir críticas destructivas y algunos conocidos nos decían que el proyecto de RoJO «no duraría mucho porque hacer una banda es muy difícil» o «ya hay otras bandas así, van a perder el tiempo». Pero lo curioso es que todos en RoJO habíamos hecho ese tipo de *inversiones* antes al ser parte de los eventos o viajes misioneros de nuestras iglesias y no nos molestaban los comentarios y las críticas. Estábamos muy dispuestos a seguir pues nuestra visión y motivación tenía que ver con ayudar a otros en nuestras ciudades (Hermosillo y Túcson) y no en «hacernos famosos» o «hacer una banda que impactara el universo».

- Tener una visión específica y escrita es importante porque te ayuda saber por qué haces lo que haces y cuáles son tus motivaciones.

- Tener una visión específica y escrita te da propósito e impulso. Si no sabes lo que quieres serás como los que son arrastrados por cualquier viento, pues si no tienes un destino específico, cualquier camino será bueno.

LA VISIÓN SE DEFINE

- Tener una visión específica y escrita te mantiene enfocado. Hacer cosas *buenas* siempre será una tentación, pero uno se debe enfocar en hacer las *MEJORES* cosas.

¿Por qué repito tanto «específica y escrita»? *«Específica»* porque decir frases como «quiero evangelizar a todos» o «quiero hacer canciones que impacten a la gente» son frases demasiado amplias y generales y no representan una visión específica. Y digo *«escrita»* pues solo decirla no es suficiente. Hay un poder muy grande cuando llevas lo que está en tu mente a un papel pues es algo más que un sueño o un deseo. Se convierte en un compromiso, en una decisión, en algo real y tangible.

¿Ha habido momentos difíciles? Sí.

¿Ha habido momentos de poco dinero y muchos sueños? También.

¿Ha habido críticas hacia nosotros que se basan en opiniones equivocadas o aun con la intención de destruir? Sí.

¿Han dicho mentiras de nosotros? Claro que sí.

¿Ha habido desafíos que hacen dudar y aun pensar que cometimos un error con alguna decisión? ¡Por supuesto! (Nota: si aprendes de tus errores y sigues adelante, entonces se convierten en *lección*).

Pero nuestra visión nunca fue «tener a todos contentos» o «explicar a los críticos la razón de lo que hacemos». Nuestra visión ha estado clara y escrita de la misma manera desde 1998, y eso ha definido nuestras motivaciones y le ha dado vida a cada proyecto.

No podemos dedicarnos a callar críticas pues eso nos desenfocaría, y no podemos esforzarnos en tratar de ser como alguien más porque tenemos muy específica nuestra visión. Además, tratar de ser alguien que no somos, sería una pérdida de tiempo.

Aprendimos que es más importante escuchar a Dios y obedecerle, y de lo demás se encarga él.

TIPS PARA ALCANZAR TUS SUEÑOS

✱ Descubre tu pasión en la vida lo más pronto posible.

✱ Recuerda que la vida no comenzará cuando cumplas dieciocho años, o termines tu carrera. Tampoco cuando te cases o te promuevan en tu trabajo. La vida ya comenzó y cada decisión que tomes estará dando resultados en tu futuro.

✱ Escribe tu visión personal... pero no te atrevas sin buscar la dirección de Dios en su Palabra y oración. Desde antes que nacieras Dios tiene un plan para ti y no vale la pena «descubrirlo» lejos de él.

✱ Conviértete en un lector. Comienza leyendo un libro al mes.

✱ Dios ya te está poniendo cargas en el corazón. Pon más atención a lo que te está hablando, pues es muy probable que por allí es que definirás algunos de tus llamados en la vida.

TIPS PARA PADRES, HERMANOS MAYORES Y LÍDERES

✱ Nunca te rías ni tires por tierra un sueño que tus jóvenes te cuentan.

✱ Siempre da testimonio del costo de alguna mala decisión que hayas tomado y los beneficios de cuando tomaste una buena. ¡Cuéntales tu historia!

✱ Enséñales que va a ser imposible tener a todos contentos, pero que si aprenden a escuchar a Dios, el camino será más firme.

✱ Inspira a tus jóvenes a escribir lo que Dios les habla. Ideas, soluciones, canciones, poemas, discursos. En esos ejercicios ellos irán descubriendo más talentos y/o desarrollando los que ya tienen. Si no se escribe se olvida. Hay un dicho que dice que «la mejor memoria está en la punta de un lápiz».

CAPÍTULO 5
EL COMIENZO DE UNA MELODÍA

«Lo que pensamos, o lo que sepamos o lo que creamos es, en último término, poco importante. Lo único que importa es lo que hagamos».

— John Ruskin

«En realidad, para todo lo que se hace hay un cuándo y un cómo».

Eclesiastés 8:6

Era hora de comenzar. Lo sentíamos en la sangre. Faltaba escribir más canciones y no teníamos el plan determinado, pero sabíamos que debíamos comenzar. Veía que los artistas seculares del momento seguían llevando música muy buena y entretenida pero con mensajes deprimentes de rencor, rebeldía o simplemente «de nada». A la vez, veía que la música y las enseñanzas a los jóvenes de la iglesia eran basadas en las prohibiciones. «No te vistas así», «No vayas a aquel lugar», «No tengas relaciones sexuales antes del matrimonio», «Di no a las drogas», «No seas rebelde». Esos consejos son correctos y bien intencionados, pero nada de eso se puede lograr si *antes* no pasa algo *adentro* de la persona. Si pasa adentro será más factible que afuera uno quiera alejarse de lo malo.

Por eso nuestra visión no era, ni es, «convencerlos del pecado que están haciendo». Como te contaba en el capítulo anterior, nuestro objetivo es ayudar a que la gente se conecte con Dios y encuentren su propósito en la vida. Yo creo que si sabes para lo que existes y que Dios te ama, es mucho más fácil hacer a un lado los hábitos que te destruyen. Las decisiones de *no hacer* ciertas cosas serán un *resultado* de esa relación con Jesús formando nuevos hábitos.

47

NO HAY CONDENACIÓN

Estoy seguro que fue por eso que la primera canción que nació, de todas las canciones de RoJO, fue «No hay condenación». Recuerdo que el primer ensayo oficial que tuvimos (estábamos Oswaldo, Rubén y yo) fue en un cuarto hecho en el techo de la casa de los papás de Rubén en Hermosillo. Comenzamos a tocar un «riff» que yo había tenido en mi mente por muchos meses. Partimos compases de 7/8 y 6/8 para luego caer a 4/4. En esta canción, como en la mayoría, la letra llegó después de la música.

Aplastado por la duda
No sé si deba seguir
Le he fallado tantas veces
No sé acordará de mí

No vivas frustrado en la oscuridad
Su sangre te limpia eres libre ya

(Coro)
No hay condenación para el que está en Jesús
No hay condenación para el que está en Jesús

He escuchado esas voces
Que me acusan sin parar
He creído lo que dicen
Pero aquí se va a acabar

El que está en Jesús es nueva creación
Las cosas pasadas, pasadas son

Esas palabras eran mi historia. La historia de todos en RoJO. Y también la historia de muchos jóvenes de todo el mundo hispano. Vivir condenados y con culpabilidad porque no podíamos cumplir con nuestras promesas a Dios era algo que todos habíamos experimentado. Por eso el día que entendí que Dios me ama porque quiso amarme y no por mis acciones, entonces pude saber que soy libre. Fue por su sangre. Un precio increíble.

Queríamos que la nueva generación y todas las personas posibles declararan verdades de la Biblia. Por eso fueron surgiendo temas como «No me avergüenzo», «Adiós goodbye», «Llueve en mí». Lo que habíamos experimentado respecto a lo real, práctico y genuino que es Jesucristo, de *eso* queríamos cantar.

Más que una expresión de arte, nuestra urgencia era «digámoslo y al que no le guste pues que no le guste, pero digámoslo... para que otros lo canten». Si hay una intención escondida en todo esto es de que a la gente le gustara la música y al hacerlo estarían cantando y declarando verdades para sus vidas que al repetirlas tanto se convirtieran en parte de sus pensamientos y vocabulario.

¿POR QUÉ ROJO?

Al tener definido lo que queríamos hacer y por qué lo queríamos hacer con nuestra música, ahora quedaba definir el nombre. Lo que tenía claro era lo siguiente:

- Queríamos escribir de lo real que es Jesús y que se puede disfrutar una relación con él durante la semana (no solo cuando hay problemas o durante los fines de semana).

- Nunca, en las canciones, regañaríamos o diríamos a la gente «qué *hacer*», sino recordar lo que *Jesús es* y *hace*, y además diríamos lo que uno (*yo, tú, él, ella*) puede *ser* al vivir en relación con él.

- Las canciones serían en primera persona. Es decir, pondríamos más énfasis en lo que *yo* tengo que cambiar y he vivido y no tanto en lo que *él* o *ella* ha vivido. También, esa simple diferencia, cantar en primera persona, hace una canción más poderosa y personal pues en vez de cantar «Ella hará oír su voz» se cambia por «Haré oír mi voz» y se convierte no solo en una canción sino en una declaración personal muy poderosa.

- Decidí que *NUNCA* diluiríamos el mensaje de Jesús para ser una banda con «mensaje positivo»[1]. Es decir: comunicar con URGENCIA la VERDAD del

---

[1] No tengo bronca o problema con quien lo haga así, pero, en lo personal, ese no era nuestro llamado... si es que existe ese llamado..

amor de Dios y que nosotros (cada uno) podemos hacer una diferencia en el mundo. Seguro has notado que en las canciones de RoJO no nos hemos detenido de usar palabras que nos ayuden a comunicar lo que sentimos, incluyendo: «evangelio», «santidad», «Jesucristo», «agradarle», «no hay condenación», «el poder de Dios», «la cruz», etc. Pero, curiosamente y hasta cómicamente, aun así, algunos nos han tildado de satánicos y para otros somos muy religiosos... Nunca se puede tener contentos a todos ¿no? :-)

Y entonces con eso en mente respecto al nombre, pensamos también que:

1.   No queríamos un nombre que sonara ultra religioso como «los escogidos», «los que más oran» o «Santidad a Jehová».

2.   Queríamos que el nombre fuera corto y que provocara a preguntarse: «¿Por qué ese nombre?».

Por dos años habíamos practicado con un nombre que hoy me parece nefastamente horrible. La intención era buena y centraba bien nuestra visión... pero estaba gachísimo[2]... y estuvimos tocando casi dos años así... nos presentaban y decían: «Y ahora con ustedes Altas Tendencias» (tienes permiso de reírte.... ¡no es broma!).

Una mañana (en las mañanas es cuando mi creatividad está al máximo y ya durante el día va declinando), de repente, pensando qué nombre «arreglarle» a la banda (y olvidarnos de «Altas Tendencias»), estaba pensando en alturas, en una relación con Jesús, así que comencé con algo como «Cielo», «Nubes», «Azul» y después del azul me vino a la mente «ROJO». Así nomás. Pero inmediatamente después de escribir «ROJO» en el papel, me vino a la mente Efesios 2 y abrí la Biblia.

Pero Dios es tan rico en misericordia y nos amó tanto que, a pesar de que estábamos muertos por causa de nuestros pecados, nos dio vida cuando levantó a Cristo de los muertos. (¡Es sólo por la gracia de Dios que ustedes han sido salvados!) Pues nos levantó de los muertos junto con Cristo y nos sentó con él en los lugares celestiales, porque estamos unidos a Cristo Jesús. De modo que, en los tiempos futuros, Dios puede ponernos como ejemplos de la increíble riqueza de la gracia y la bondad que nos tuvo, como se ve en todo lo que ha hecho por nosotros, que estamos unidos a Cristo Jesús.

---

[2] Mexicanismo para referirse a malo, feo, desagradable.

Dios los salvó por su gracia cuando creyeron. Ustedes no tienen ningún mérito en eso; es un regalo de Dios. La salvación no es un premio por las cosas buenas que hayamos hecho, así que ninguno de nosotros puede jactarse de ser salvo. Pues somos la obra maestra de Dios. Él nos creó de nuevo en Cristo Jesús, a fin de que hagamos las cosas buenas que preparó para nosotros tiempo atrás.

...pero ahora han sido unidos a Cristo Jesús. Antes estaban muy lejos de Dios, pero ahora fueron acercados por medio de la sangre de Cristo.

Efesios 2.4-10, 13 (NTV)

Al leerlo dije: ¡Sí! Rojo se queda. Soy Rojo por ser lavado en su sangre. Somos «rojos» todos los que aceptamos su sacrificio y salvación.

Cuando hoy nos preguntan del por qué «RoJO», decimos: «El rojo es un color relacionado con el amor, la pasión, precaución, «detenerse», juventud... pero sobre todo Rojo es el color que yo, o cualquier otro, tiene al conocer a Jesús como salvador y ser lavados con su sangre». No nos importa si suena raro para algunos. Eso es lo que representa nuestro nombre para nosotros.

¡¡¡Con ustedes «Altas Tendencias»!!!
Esta era esa época... me acuerdo clarísimo (cuenta Emmanuel). Todavía no amarraba bien la banda.

Esta foto fue el término de una gira que hicimos con Jesús Adrián Romero (creo que fue en 1999). Era cuando Jesús A. aún no tenía banda e hicimos una temporal para hacer una gira por México.

MARIACHI Los Salmos
de Eliezer Moreno Jr

QUE BELLO ESE DIA

[Linda] La portada del cassette de la grabación del Mariachi con mis hermanos.

[Describe la imagen Rubén] Estas fotos son en mi departamento en Hermosillo (ya casado). En ese momento Emmanuel no tenia giras con Marcos Witt y se vino de Durango a Hermosillo (de vacaciones). Creo que esto fue en 1999. Mi departamento era muy chico y logramos meter la batería, y los amplificadores de bajo y guitarra (casi una cosa encima de otra) para que entrara todo en el departamento. En esa ocasión surgieron las primeras ideas de la canción de «No hay condenación»... (me acuerdo como si hubiera sido ayer!!) ☺

TIPS PARA ALCANZAR TUS SUEÑOS

* Disfruta la libertad de Dios sabiendo que él nos ama incondicionalmente. Claro que él no quiere dejarnos como estamos, pero sí nos ama a pesar de como somos.

* Si tienes una banda o acostumbras hablar delante de otros, haz tus canciones o tus temas basados en tus experiencias. Serán más puntuales y conectarán con más rapidez.

* Pon acción a tus sueños. No tienes que tener «el plan perfecto» para comenzar a hacer algo con lo que tienes.

* Abre la Biblia para escuchar a Dios. Ten cuidado en no poner tu confianza en tu «visión» o tus «grandes» ideas... Dios quiere hablarte y dirigirte todos los días.

TIPS PARA PADRES, HERMANOS MAYORES Y LÍDERES

* Enseña a tus jóvenes a huir del pecado, pero ayudándolos a razonar y sin condenarlos.

* Comparte de la Palabra de Dios con ellos fuera de templo.

* Escúchale, anímale y ora con tu hijo, hermano o discípulo. El proceso en el que él esté será diferente al tuyo, pero hazle notar que Dios sigue trabajando en nosotros y siempre está a nuestro lado.

* Diles continuamente que Dios los usará y bendecirá más de lo que te ha usado y bendecido a ti.

CAPÍTULO 6
SALTO AL VACÍO

> «¡Feliz, cantando alegre, yo vivo siempre aquí,
> Si él cuida de las aves, cuidará también de mí».
> — Charles Hutchinson Gabriel

> «Al que puede hacer muchísimo más que todo lo
> que podamos imaginarnos o pedir, por el poder que
> obra eficazmente en nosotros, ¡a él sea la gloria en la
> iglesia y en Cristo Jesús por todas las generaciones,
> por los siglos de los siglos! Amén».
> Efesios 3: 20-21

Me corrió un leve escalofrío por la espalda cuando comenzamos a pensar en este libro. Es que hay un peligro al leer biografías o libros como este. Al escribir, el autor puede dejar, aun sin tener la intención, ciertos elementos fuera y dar la impresión de que vivió una vida perfecta, que todo fue fácil y que la sabiduría le desbordaba por todos lados en donde caminaba al grado de tener todo fríamente calculado. Pero nunca es así. La vida es un paso de fe tras otro y a veces hay que dar algunos saltos.

Unos dicen: «Si planificas y manejas bien tus presupuestos, todo estará bien», pero nadie puede asegurar el mañana. Otros dicen: «Cuando sea el momento de tomar una decisión, Dios te dará paz», pero hay veces que no llega esa paz.

Por eso la fe es lo más importante. ¿Fe en qué? ¿En tus sueños? ¿En lo sensible que seas a las necesidades de la gente para que las puedas suplir y entonces tener éxito? ¡No! Fe en lo que Dios dice. Su Palabra es lo único que nos puede guiar. Aun si no hay paz o si los planes son alterados o si otros te dan la espalda. Escuchar a Dios es buscarlo en su Palabra. La Biblia no contiene «palabras de Dios», sino que es la Palabra de Dios.

Si su Palabra no es nuestra guía, tendemos a comparar nuestra situación con la situación de los que leemos o los que vemos normalmente en la TV. Creemos que a las personas que nos inspiran se les sirvió todo en bandeja de plata. Por otro lado, comenzamos a pensar que Dios tiene que hacer lo mismo de la misma manera que lo hizo en otros. No creo que sea así. Dios trata de diferentes maneras con cada persona. Él usa el lugar y las circunstancias en donde estamos para hablarnos.

En ningún momento quiero decirte cómo Dios hará las cosas contigo, pues eso solo él lo sabe. Lo que te contamos en este libro es lo que Dios ha hecho con nosotros, y eso sí es testimonio de lo que Dios puede hacer. Esperamos que puedas ver que hay ciertos principios que se repiten porque los seres humanos no somos tan diferentes y porque Dios es siempre el mismo, pero las circunstancias no se repetirán.

EL PLAN

Para ese tiempo había aprendido que hacer un disco no era garantía de nada y que tener un «distribuidor internacional» no significaba «éxito seguro». Ya había visto muchos discos buenos y con una distribuidora por detrás, pero que no fueron a ningún lado. Lo único con que podía contar era saber que Dios estaba dando la dirección. Que había una necesidad grandísima y que no dormía por pensar qué hacer respecto a esa necesidad.

Un día sentí que era la luz verde de Dios. Hablé con mi esposa y el resto de la banda y todos sentimos lo mismo. Era hora de dejar lo que estábamos haciendo y enfocarnos en la banda.

Cuando fue momento de comenzar RoJO, vivíamos lo siguiente:

- Tres en la banda estábamos casados y con hijos.

- Ninguno de nosotros teníamos un «colchón financiero» por si la música nos «fallaba» (y además, nuestras familias no son «de dinero» como para saber que alguien nos rescataría si estábamos en problemas financieros).

- Así como hubo consejeros que nos animaban a lanzarnos y creer a Dios, hubo otros que nos aconsejaron lo contrario.

- Todos estábamos dejando trabajos seguros o con potencial para lanzarnos en la aventura de creerle a Dios.

Nada estaba seguro. Fue como dar ese salto al vacío que es obligatorio dar para alcanzar tus sueños. Sentí que estabamos en el punto del que no podíamos regresar atrás. Lo que estabamos haciendo estaba bien, pero definitivamente lo que seguía era mejor, es decir, obedecer a Dios.

Sinceramente se sintió como ir subiendo por una escalera, y de repente, no sientes el siguiente escalón, pero es que la fe cuesta; no había otra opción más que hacia adelante.

Pusimos una oficina (bueno, era «pseudo-oficina») en una esquina del departamento de Rubén con un teléfono y un fax para recibir invitaciones. El paso lo estábamos tomando porque decidimos creerle a Dios. Sabíamos por lo que estábamos planificando, y sobre todo por la necesidad que notábamos, que teníamos que accionar y dar pasos prácticos de fe.

Algunos creen que la fe es una sensación o un conjunto de creencias. Pero la fe es un verbo. Un riesgo. Un salto que todos debemos dar. Es imposible cumplir con la voluntad de Dios para tu vida sin fe, y lo curioso es que es imposible ser una persona realizada sin asumir riesgos. Si mueves las neuronas te darás cuenta de que la fe y asumir riesgos son prácticamente lo mismo. En el caso del cristiano, lo bien chido es que ese riesgo lo estás poniendo en la mano de Dios, y al mismo tiempo que estás asumiendo un riesgo, no hay nada más seguro en el universo que estar ahí.

TIPS PARA ALCANZAR TUS SUEÑOS

✱ No te compares con nadie más. Dios te hizo único y especial y tanto las circunstancias que has vivido como los talentos que tienes Dios los usará... si te dejas ser usado por él.

✱ Tener fe no significa ser un desorganizado. Organiza muy bien tu agenda y tu presupuesto. Si estás casado, oren juntos y decidan juntos. Busquen a Dios juntos pues les puede hablar a los dos.

✱ Lee muchos libros, pero aprende a escuchar la voz de Dios en todos lados y sobre todo en la Biblia.

✱ Pide consejo y síguelo. Hay personas que han tenido experiencias que pueden enriquecer lo que estás soñando y buscando de Dios. Escúchales y aprende de ellos.

TIPS PARA PADRES, HERMANOS MAYORES Y LÍDERES

✱ Ayuda a tus chicos a encontrar su identidad en Dios.

✱ Recuérdales lo importante que es tener su propia voz y que no tienen que soñar con ser alguien más, pues Dios usará lo que ellos tienen en su mano.

✱ Invítalos a leer un libro al mismo tiempo que tú lo haces. Oriéntales a sacar el mayor provecho de las experiencias de otros.

✱ Enséñales a escuchar a Dios en la Palabra. Dale ejemplos y dinámicas que a ti te han servido para conocer más a Dios.

✱ Pasa tiempo con Dios junto a tus hijos, hermanos o discípulos. Lo más probable es que, sin darte cuenta, estarás enseñándoles a hacerlo también cuando ellos sean padres o estén discipulando.

Componiendo «Adios Good Bye» en el departamento que acabábamos de alquilar

Grabando voces del primer álbum

Junto a Eli Moreno y Alex Allen

Estudios Canzion (Houston, TX) grabación de baterías del álbum RojO

Primeros conciertos de RoJO

ocando en el torneo de fútbol en Japón

En Japón desayunando sentados en el suelo

CAPÍTULO 7

PROGRESIÓN, RESISTENCIA, RESULTADOS

«Caminante, no hay camino, se hace camino al andar».

– Antonio Machado

«Bendeciré al SEÑOR en todo tiempo; mis labios siempre lo alabarán.

Mi alma se gloría en el SEÑOR; lo oirán los humildes y se alegrarán.

Engrandezcan al SEÑOR conmigo; exaltemos a una su nombre».

Salmo 34:1-3

Hacer un disco propio es una aventura y un proceso diferente al de trabajar en el disco de alguien más. Aunque ya había trabajado en muchos discos haciendo diferentes tareas, esta era una oportunidad diferente. Cada vez que produzco un disco para alguien me involucro tanto que es como si me «tirara de cabeza» al grado de soñar y sufrir en el proceso, pero el trabajar en tu propio disco con tus propias canciones y tu propia visión es otra cosa. En un sentido, es más difícil. La progresión anterior al nacimiento del primer disco de RoJO fue larga. Escoger esas canciones fue de lo más difícil que yo había experimentado porque no quería perder el enfoque y la visión del disco.

Grabamos la primera parte del disco en el estudio de CanZion Producciones en Houston, Texas y la segunda parte en Tucson, Arizona, en el estudio de mi cuñado Eli Moreno. Tal vez te preguntes, ¿por qué en «partes»? Esto es porque el proceso del disco iba agregando y quitando canciones. Había la necesidad de grabar las canciones según llegaban. «Sin ti» y «Adiós, good-bye» fueron las últimas canciones que se agregaron. La duda sobre cuáles canciones dejar en el álbum se mantuvo hasta el momento de terminar. Siempre dudas y a fin de cuentas, la mayoría de las veces queda lo que era la primera intención. En la lista de canciones que por un tiempo estaban fuera del disco están «Quiero» y «Jardín de rosas». ¡Qué bien que no las sacamos!

SE LANZA EL ÁLBUM «ROJO» (2001)

Visión del álbum: *Recordar quiénes somos en Jesús.*

Terminar y lanzar el primer disco fue todo un logro para nosotros. Después de muchos sacrificios y persistencia, por fin estaba terminado.

Cuando recién salió el disco, mi hermano Luis Enrique nos invitó otra vez al congreso «Generación Nueva» que él organizaba en el sur de California y que en esa ocasión se celebró en una conocida iglesia donde Lucas Leys era el joven pastor de jóvenes y del que a partir de ahí nos hicimos muy amigos. Este congreso era el evento en el que ya habíamos tocado antes como «Altas Tendencias», pero en esta ocasión todo subió a un nuevo nivel y con el disco listo fue un concierto increíble. Esa noche después de tocar vendimos 500 discos. ¡500 en un solo concierto! Quedamos impresionados. No vendimos más porque no llevábamos más. Pensamos «¡Guau, qué padre, si vendemos 500 discos por concierto esto va a funcionar muy bien!».

Unos meses después, nos invitaron a ir a El Salvador y nos dijeron que esperaban cinco mil personas. Por lógica, llevamos más discos y cassettes, hoy en día extintos (¡Y pensar que se usaban a principios de siglo!). Llevamos dos mil porque era todo lo que podíamos y fue allí donde tuvimos la primera experiencia con la piratería. A los dos días estábamos regresando a México con 1958 discos y cassettes. ¡Qué barbaridad! Vendimos solo 40 discos teniendo un público de cinco mil personas. Allí nos dimos cuenta de que había «hermanos» que vendían el disco a un dólar fuera del auditorio. ¡Primos que no sabían nada de los costos que habíamos pagado y el sacrificio que habíamos hecho por producirlos!

Fue justo en ese momento cuando comenzaba a despuntar la piratería de productos cristianos. (Aunque lo escribo con signos de exclamación, la verdad es que nos causaba mucha gracia. De hecho, desde esas épocas aprendimos que nuestra dependencia no era de los discos que se vendieran sino de Dios).

Nunca volvimos a vender 500 discos en un concierto. Los Ángeles fue la única vez que lo logramos. Lamentablemente, cada vez aprendíamos más que la piratería llegó para quedarse. En cada país se encontraba más y más música pirata y esto nos produjo mucha frustración.

Para ese primer disco hicimos un «press kit» y enviamos a todas las emisoras de radio de Latinoamérica que nos fue posible el sencillo que tenía tres canciones. Fue tanto, que la oficina de CanZion nos prohibió mandar más. Era mucho dinero en costos de paquetería para un disco debut (te recuerdo que en esos tiempos no había internet rápido ni mp3).

Vendíamos pocos discos, casi nada. Nadie nos invitaba a tocar… ¡ni en nuestras iglesias! Aunque todas las emisoras de radio tenían nuestra música, no la tocaban. Allí aprendí que un disco no garantizaba mucho, y que tu disco «esté en la radio» tampoco lo hace.

Pero aunque al principio no «pasaba nada» con la banda, seguíamos firmes en la visión. Persistíamos. Como ya habíamos hablado de comenzar desde abajo, no nos importaba cuánto se estuviera tardando la concreción de lo que anhelábamos. No sabíamos qué pasaría, pero no estábamos desanimados.

EL VIAJE A JAPÓN

Antes de salir el primer disco, llegó una llamada a nuestra «pseudo-oficina» diciendo que nos querían invitar a no solo dar un concierto sino dar una *gira* en Japón. Por supuesto que nos sorprendió. Casi nadie nos invitaba en ese tiempo. Pensamos: «¿Quién es el atrevido que está invitando a una banda que nunca ha escuchado ni en vivo, ni en grabación?». Después conoceríamos al *atrevido*, casi loco, que nos llevó al Asia.

El viaje a Japón lo hicimos cuando nuestro primer disco ya tenía unos meses de lanzado. Nos cambió para siempre. Terminó de sellar tantas cosas que estaban en nuestro corazón. En Japón hay muchos suramericanos, así que no teníamos que traducir las letras. En ese viaje tocamos en restaurantes-bar, un torneo de futbol, iglesias latinas y en una iglesia brasileña.

Conocer de otra cultura (de la cual un solo Dios y Jesucristo no son parte reconocida), estar al frente de personas que no nos conocían y ni les interesábamos (hablando de los restaurante-bar), seguir aprendiendo a comunicar lo que estaba en nuestro corazón, es lo que agradezco tanto de ese viaje a Japón. Fue una experiencia inolvidable.

Al terminar ese viaje, regresamos recargados e inspirados en lo espiritual, emocional y musical. Aprendimos a comunicarnos mejor y ser más sensibles. Nuestra visión tomó más fuerza interior. Otro buen detalle de ese viaje fue que Oswaldo y yo descubrimos unos buenos instrumentos. Oswaldo compró la guitarra color naranja que todavía usa mayormente en giras y yo dejé de tener miedo a que mi cabello hiciera lo que naturalmente hace: no ser dócil, porque en Japón estaban tan adelantados en estilos y modas que hasta me asustaba verlos. Me refiero a que el ver sus peinados me quitó la pena de usar mis cabellos como Dios me los dio por naturaleza: parados.

Me atrevo a decir que lo mejor de todo en ese viaje fue conocer a un amigo muy especial y a su esposa. Juan y Mariella Shimabukuro. Él fue el loco que nos invitó. ¿Quién es Juan Shimabukuro? Bueno, si sabes un poco de RoJO quizá has visto su nombre en varios lugares pues ha estado involucrado en muchas cosas de la banda. Es diseñador de portadas, productor de DVD, coordinador de giras, productor de videos, diseñador de pantallas (para conciertos) y además tantas otras cosas que nunca se saben pues Juan tiene un amor grandísimo por esta generación. Literalmente invierte su vida por ver a esta generación haciendo una diferencia en todos los ámbitos. Tiene tantas ideas y empuje en lo ministerial que es un lujo tener a alguien como Juan cerca a nosotros. Juan y su esposa Mariella son una bendición, mucho más de lo que pensamos que serían cuando nos conocimos en Japón.

SIN GIRAS

Casi al año de ser lanzado el álbum nadie nos invitaba a cantar en ningún lado. ¡Ni siquiera en nuestra ciudad! El disco no se vendía. Había que tomar en cuenta que esos eran los «tiempos de oro» en la venta de discos. Hoy en día ya no es así. Cada vez la gente compra menos discos por la vía legal y consiguen la música gratis en alguna página de Internet. Hablo de otra gente, no de los que leen este libro, sino los piratas que andan sueltos. :-)

Luego algunas presentaciones por aquí y otras por allá comenzaron a asomar y nosotros ya comenzamos a soñar con el siguiente disco. Sí. Hoy me causa gracia contártelo.

EL ÁLBUM «24·7» (2002)

Visión del álbum: *Invitar a las personas a convertirse en adoradores de Jesús las veinticuatro horas del día y los siete días de la semana.*

Nadie sabe, porque nunca lo he dicho antes, pero el álbum 24·7 inició con la idea de ser un disco de «Emmanuel y Linda». La idea inicial era que iba a ser un disco separado de RoJO. Linda y yo habíamos hablado desde novios de hacer algo juntos. Teníamos muchas ideas ministeriales. Llegamos a sacar un sencillo que tenía las canciones «Desde el amanecer» y «Quiero más de ti» y lo mandamos a algunas emisoras de radio. El nombre de la banda sería 24SIETE.

Decidí comenzar mi propia empresa productora y la llamaría ReyVol Records (ReyVol significa: REvolución Y VOLumen, y le puse ese nombre porque creo que esta generación es lo que va hacer, una «revolución con volumen»). También tuvimos la necesidad de distribuir y para eso Dios nos trajo una pareja preciosa, que han sido casi como ángeles y una gran bendición, ellos son Napoleón y Ania Mendoza.

La primera en llegar fue Ania. Ania, costarricense, tiene un talento increíble para la administración, así que trajo orden y maneras de usar el dinero mejor. Napoleón, su esposo (que es de Guatemala), llegó un poco después. Napoleón y yo nos conocimos desde los años en que trabajamos juntos en CanZion, así que cuando se abrió la oportunidad, él se unió al equipo agregando su creatividad, experiencia y liderazgo.

Hemos tenido el privilegio de no solo trabajar juntos con Los Mendoza, sino también han sido una familia que nos ha bendecido con su amistad y su arrojo en obedecer a Dios. Tienen tres hijos preciosos, y ya grandes

(Elky, Elvin y Zabdi), que de muchas maneras nos han bendecido y son parte integral del equipo.

Apenas habíamos comprado una casita (con financiamiento por supuesto), pero la tuvimos que vender para financiar parte del disco. Linda estaba embarazada de Michael, nuestro segundo hijo, y aun así, nos regresamos a vivir a un departamento pequeño de una habitación para invertir en esta grabación.

Para cuando Linda y yo comenzamos a trabajar «24·7», Annette ya tenía casi un año de haber salido de la banda. En buen plan, mi cuñada (Annette es hermana de Linda) no estuvo de acuerdo en mudarse a Houston, Texas. Eso fue algo que inicialmente le pedí a todos en la banda. Así que en ese tiempo nos ayudaron cantando con RoJO mi otra cuñada, Esther Moreno, o nuestra amiga Edith Sánchez, mientras encontrábamos a alguien que se convirtiera en la voz femenina continua de RoJO.

Después de estar grabando el disco y darme cuenta de que la visión que compartíamos Linda y yo como pareja podría adaptarse a lo que RoJO era (su estilo de personalidad y talento encajaba perfecto para los planes futuros) y que además Linda había sido parte desde *antes* del principio (y había cantado voces de fondo además de escribir conmigo las canciones «Desde que te conocí» y «Llueve en mí avívame» del primer álbum), decidí invitarla a que fuera ella la voz femenina y aceptó. Entonces el álbum se convirtió en un álbum de RoJO y el nombre fue «24·7».

Hay dos canciones que no estuvieron terminadas y que serían para este disco. Como me estaba tardando en terminar de escoger las canciones, decidí darlas para álbumes de Danilo Montero y Marcos Witt. Las canciones eran «Cantaré de tu amor» (del álbum «Cantaré de tu amor») y «Aleluya a nuestro Dios» (del álbum «Sana nuestra tierra»). Mi amigo Juan Salinas me ayudó a terminarlas. ¿Razón que las dí para otros discos? Ya antes había aprendido que guardar canciones por largos tiempos solo me detenía el fluir de tener más canciones para álbumes específicos. Así que no quería arriesgar el resto del álbum.

Para este tiempo comenzamos a viajar más. Nos invitaban a varios lugares y a varios países.

Y LLEGÓ EL «DE REPENTE»

Para cuando sacamos 24·7 nos comenzaron a llegar noticias de que nuestro álbum debut había pasado las cien mil copas vendidas. Al poco tiempo 24·7 también pasaría la misma marca en ventas. Recibimos discos de oro por cada disco por el volumen de ventas. Fue sorpresa para todos. Para ser sincero, todos en la banda pensamos que los discos los comprarían algunos de nuestros familiares y quizás uno que otro amigo (NOTA: Los amigos no compran discos de amigos, ellos quieren que se los regales. Je, no sé si reírme o llorar por eso).

Hicimos una gira con Marcos Witt por algunos países de Latinoamérica. Al llegar a casi cada ciudad, nos sorprendía que las personas cantaban la mayoría de nuestras canciones. Allí fue que comenzamos a escuchar a muchos decir: «Oye, RoJO fue algo de repente. ¿De dónde salieron?».

Luego de casi tres años después de haber iniciado y quince desde mis sueños de adolescente, comenzamos a ver cómo nuestra música se conectaba con las personas. En ruedas de prensa me preguntaban: «¿Por qué crees que a la gente le ha gustado RoJO?». Lo único que podía pensar para responder era: «Es por la gracia de Dios y porque las canciones han conectado con los jóvenes. Las canciones no le dicen a las personas lo mal que están ni les dicen qué hacer, son canciones transparentes de lo que Dios es y puede hacer en la vida de uno; quizá es eso».

LAS GIRAS COMIENZAN

Los viajes y las giras se hicieron más largos y Dios nos trajo, además de los Mendoza y los Shimabukuro, un equipo precioso de gente talentosa: Koke Wiedmaier, Pepe «Sharpie» Soto, Carlos López, Josué Peniche y más recientemente Marcos Ponce. Desde la oficina o en los viajes mismos, contar con el talento de todos ellos es un honor para nosotros.

Para nosotros la música y las giras son un pretexto para llevar a cabo la visión que sentimos comunicar, y ver lo que Dios hace en los viajes es la recompensa más preciosa que podemos tener.

TESTIMONIOS

Muchos comenzaron a agradecernos por lo que hacíamos. Nos decían que las letras eran directas al corazón. Nos comentaban que Dios les había hablado por lo que hacíamos. Unos líderes nos ponían de ejemplos a seguir; otros, gracias a Dios menos, nos ponían como ejemplos a los cuales no seguir y no escuchar. Lo mejor era que independientemente de las opiniones, Dios seguía sorprendiéndonos con su gracia. Se nos abrieron puertas para compartir lo que él nos daba. Siempre hemos entendido que hay gente más talentosa y capaz que nosotros. Por eso nuestra oración era y sigue siendo que Dios nos haga sensibles a su voz.

Hay testimonios que todavía los tengo muy grabados. Entre los miles de cartas y correos electrónicos están estos:

* **Juan**, de El Salvador, decidió no quitarse la vida al escuchar «Adiós, goodbye" en la radio. La canción a él le ayudó a descubrir la libertad de Dios.

* **Jessica**, de Argentina, dijo que la canción «Desde el amanecer» le hizo darse cuenta de que la victoria que buscaba en su vida estaría basada en conocer el amor de Dios.

* **Elvira**, de Colombia, nos dijo que «El amor está aquí» le ayudó a perdonar y no enfocarse en sus problemas sino en Dios, mientras la escuchaba en un concierto.

* **Ernesto**, de México, dijo que alguien le regaló un disco de RoJO y mientras se iba de parranda los fines de semana lo escuchaba. Un día, con cerveza en mano y en plena fiesta, las canciones comenzaron a cobrar un sentido en su mente que antes no había notado. Ese fin de semana aceptó a Jesús como Salvador y nunca volvió atrás.

* **La familia Serrano,** de Estados Unidos, dijo que la canción «No me soltarás» les había sostenido en un tiempo desafiante recordándoles que la fidelidad de Dios nunca se acaba.

Con el paso de los años han habido muchos testimonios de lo que Dios ha hecho a través de las canciones de RoJO y ese es el mejor resultado de entregarse a una visión que Dios te da.

¿Vieron la lista del supermercado de nuestra casa en ese tiempo? Está en «spanglish»

Las primeras ideas de «Desde que te conocí»

ROJO + 24.7

Giras en familia, Edith Sánchez nos acompañaba en ese entonces

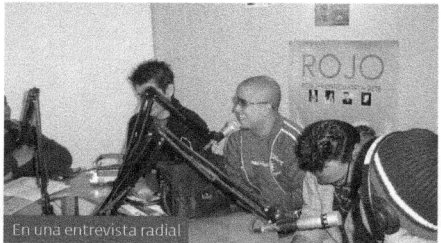

En una entrevista radial

Pasando un tiempo increíble en la cárcel de mujeres de Bogotá

En el estudio con Ángelo casi recién nacido

CAPÍTULO 8
DE VISIONES Y SUEÑOS CUMPLIDOS

> «Hay gente que nunca va a sentir el abrazo de Dios a menos que lo encuentre en tus brazos. De eso se trata ser el cuerpo de Cristo».
>
> — Lucas Leys

> «Porque yo sé muy bien los planes que tengo para ustedes —afirma el Señor—, planes de bienestar y no de calamidad, a fin de darles un futuro y una esperanza».
>
> Jeremías 29:11

Ver jóvenes reconciliándose con Dios; matrimonios que se piden perdón; hijos perdonando a sus padres y personas que decidieron dejar vicios después de escuchar una canción o estar en un concierto es un combustible para nuestro corazón y el objetivo que siempre hemos buscado por encima de todo.

Con eso en la mente es que nacen los discos, y esta es una pequeña reseña de la visión que teníamos con el resto de los que vinieron luego:

DÍA DE INDEPENDENCIA (2004)

Visión del álbum: *Invitar a la gente a independizarse de sus complejos, dudas y temores. La única manera de lograrlo es hacernos más dependientes de Dios.*

Depender de Dios suena bien «en el papel», pero requiere tomar decisiones extremas y entregarse por completo a Dios. Las canciones como «Vive en mí» y «Prefiero» definitivamente encierran el significado del disco para mí porque es imposible vivir felices, en paz y realizados sin depender de Dios.

«Brillaré» es una canción que se escribió tan rápido que pensé dejarla fuera del álbum. Sin embargo, hasta el día de hoy es una de las favoritas de la banda para tocar en vivo. La gente se ha identificado tanto con esa canción que cada vez que la cantamos en concierto es una explosión. Me encanta porque es una canción con declaraciones y compromisos para hacer una diferencia y brillar para Jesús.

En este disco nos atrevimos a usar sonidos más agresivos y con influencias más de los 80's en algunas canciones. Fue muy divertido en el estudio. Aprendimos mucho, como en cada disco, en técnicas de grabación.

EDICIÓN ESPECIAL (2005)

Visión del álbum: *Plasmar en un disco algo de la energía del público en los conciertos de RoJO y «reversionar» con «remixes» otras canciones.*

Durante el 2004 llevábamos grabadoras a algunos lugares del continente y grabamos los conciertos. Escogimos algunas canciones y las pusimos en Edición Especial. Grabamos en Tijuana, México; Bogotá, Colombia; Buenos Aires, Argentina y Mcallen, Texas en Estados Unidos. La respuesta de la gente fue increíble. Hasta el día de hoy me encanta ese disco.

NAVIDAD (2006)

Visión del álbum: *Animar a las personas a aprovechar la época navideña para que además de celebrar con la familia, sea un tiempo de compartir a otros la verdad del Salvador Jesucristo.*

Este disco fue especial de hacer. Se sentía un poco raro estar grabando canciones navideñas en agosto, pero lo disfrutamos. Lo grabamos en medio de giras, así que fue un poco fatigante.

Como regalo, pusimos las pistas de todas las canciones para que las personas que lo quisieran, pudieran usarlas para cantar en casa, en la iglesia o en donde quisieran.

CON EL CORAZÓN EN LA MANO (2007)

Visión del álbum: *Invitar a las personas a vivir de manera transparente; no solo con Dios, sino también con las personas que Dios ha puesto alrededor de cada uno de nosotros.*

Por un largo tiempo, desde el 2004, no habíamos hecho un álbum nuevo y completo de estudio. «Con el Corazón en la mano» nació al darnos cuenta de que es muy fácil decir y planear, pero accionar viviendo lo que decimos requiere ser transparentes. Es un asunto de vivir con el corazón en la mano.

Cada canción que decidimos grabar nació de una experiencia muy personal con Dios. Por ejemplo, «Solo tú» nació al ir regresando en el avión de Honduras. Habíamos visitado una Casa Hogar para niños, y escuchar las historias de los «antes» y «después» nos hizo maravillarnos de lo increíble que es Dios. «Me amas igual» es una canción que había tenido en mi mente por mucho tiempo. Se terminó de definir al pensar que Dios, aunque no quiere dejarnos como estamos, sí nos ama como estamos.

También decidí agregar las canciones «No me soltarás», «Eres Todopoderoso» y «Te daré sólo lo mejor». No se puede vivir de manera transparente al pensar que en nuestras fuerzas está la clave del éxito. Al reconocer la fidelidad y grandeza de Dios es como se puede asegurar una vida completa y transparente.

REMIXES Y MÁS (2008)

Visión del álbum: *Dar otra visión musical a algunas de las canciones de álbumes pasados.*

Uno de los grandes privilegios de trabajar haciendo música es que no se siente como trabajo; es divertido y entretenido. Así que decidimos experimentar un poco más con algunas de las canciones que antes habíamos grabado e hicimos este disco. Con el apoyo de nuestro amigo

Holger Fath y sus amigos de Hamburgo, Alemania, Dirk Nigel y Mark «Max» Loop, quedó un disco muy divertido.

APASIONADO POR TI (2009)

Visión del álbum: *Invitar a esta generación a apasionarnos más por Jesucristo y vivir para él. No solo alzar nuestras manos al cielo en adoración, sino accionar al extender nuestras manos al frente llevando su amor al prójimo.*

Qué fácil es apasionarse por un deporte, por un trabajo o por una persona, pero no hay manera de vivir exitosamente la vida sin estar apasionados por Jesucristo. Este disco invita a que nos apasionemos más por Jesús al grado que no tengamos que hablar tanto de su amor. Debe ser un compromiso de vivirlo.

Tanto en el disco como en la gira, invitamos a la gente a que nos enamoremos más de Jesús. No se trata tanto de levantar las manos al cielo sino de extenderlas más hacia el frente para servir y amar a otros.

TIPS PARA ALCANZAR TUS SUEÑOS

* En todo lo que hagas dibuja en tu mente objetivos alcanzables a corto plazo.

* Trata de dar pequeños pasos hacia tus sueños cada día.

TIPS PARA PADRES, HERMANOS MAYORES Y LÍDERES

* Arriésgate por tus jóvenes. Sobre todo tus hijos necesitan saber que estás dispuesto a invertir en su vocación. Aunque no puedas pagar por todo y aunque tus hijos ya se hayan salido del hogar, nunca les niegues a tus jóvenes un poco de ayuda. A veces un poco representa muchísimo más.

* Siembra en tus jóvenes. No solo puedes sembrar dinero sino también tiempo, consejo, risas. Guardarán con ellos lo que tú hayas hecho con el corazón.

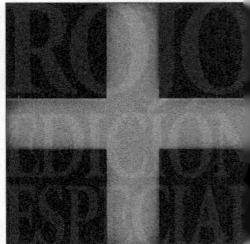

CAPÍTULO 9

LOS ADORADORES DE LA NUEVA GENERACIÓN

«Es más fácil ser popular que ser relevante».

— Bono

«La religión pura y sin mancha delante de Dios nuestro Padre es esta: atender a los huérfanos y a las viudas en sus aflicciones, y conservarse limpio de la corrupción del mundo».

Santiago 1:27

Hacer una grabación de primer nivel y organizar un concierto de excelencia requiere mucho trabajo. Pero una vez que todo está preparado, la parte de estar arriba del escenario es la más fácil. A la mayoría les gusta eso. Emocionar a la gente y hacerles que den «gritos de júbilo» no es tan difícil de lograr. Decir desde arriba del escenario cómo es que cada decisión que tomamos nunca provoca duda sería muy sencillo también. Pero decirte eso, sería mentirte.

He descubierto que Dios no se impresiona por lo que hace RoJO en una plataforma, en un disco, o incluso en un libro. Sí; a Dios no le importa «RoJO». No le importa el número de ciudades que visitemos, el número de canciones que compongamos o cuántas personas nos conozcan. Dios no se interesa en RoJO. Está interesado en Linda, Oswaldo, Rubén, y en mí, y claro que está interesado en la misión que él nos dio, pero ¿«RoJO»? No creo que tenga a la banda en su Facebook, aunque seguro que sí nos tiene como a sus hijos.

A Dios no le impresionan los que tienen asistencia a la iglesia, ni los que lloran mucho al cantar, los que brincan mucho o los que saben decir «las palabras correctas en el momento correcto». ¿Por qué? Dios no anda detrás de una canción o de una expresión. Entonces, ¿tras qué anda? ¿Sabes qué realmente le importa? El corazón. Tu corazón y mi corazón.

Él sabe que si tiene tu corazón, tus decisiones no serán egoístas. Si tiene tu corazón, entonces él tendrá tus talentos, tiempo, dinero, relaciones y planes. Él sabe que si vives entregado y le das tu corazón; él tendrá todo lo demás.

Eso es lo que significa ser un verdadero adorador. Vivir entregado. Pero por favor no te confundas. Ser un verdadero adorador no significa que seas una persona perfecta o talentosa. Significa ser una persona entregada. Es una persona imperfecta pero entregada a Dios. Con dudas pero entregada. Con problemas pero entregada. Esa es la clase de personas que Dios busca.

A nosotros nos tiene muy emocionados que esta generación esté pensando diferente y decidiendo diferente. Hay muchos que acostumbran a vivir de emociones. Muchos se hacen esta lista de preguntas con esta lista de respuestas incorrectas:

¿Siento a Dios? Quiere decir que Dios está conmigo

¿No se siente? Entonces no está conmigo

¿Tengo temores? Entonces decido de cierta manera

¿Tengo dudas? Entonces decido de otra manera

Pero algo está cambiando. Nos alegra que esta generación está dejando atrás vivir de emociones y ahora quiere vivir por principios. Dios no depende de nuestras emociones. Él sigue siendo el Todopoderoso a pesar de nuestras emociones. Dios ha despertado una generación que cambiará el mundo como lo conocemos. Gente que sabe que para servir a Dios no solo tienes que ser pastor, misionero o líder de alabanza en una iglesia. Dios usará a esta generación en el lugar en donde están y con lo que tienen en la mano. Ya sean artistas, empresarios, músicos, actores, arquitectos, albañiles, doctores, etc. No importa lo que seamos, Dios usará a esta generación para hacer una diferencia.

Esta generación hará más cosas que las que han hecho los que han venido antes y con estilos diferentes. Al estar enamorados de Jesús, esta generación romperá con lo que nos ha atrasado en la iglesia. Es una generación relevante. Aunque no todos están llamados a estar en una plataforma, todos estamos llamados a ser relevantes. Es el tiempo para esta generación.

FUERA, LISTOS, EN SUS MARCAS

Últimamente he sido muy inspirado por los escritos y enseñanzas del pastor Mark Batterson de Washington, DC. Una de las cosas que él dijo y que ha sellado algunos pensamientos que yo he cargado y practicado por muchos años es que con Dios no es «En sus marcas, listos, fuera», sino que realmente es «Fuera, en sus marcas, listos». Suena chistoso, pero cualquiera que sirve a Dios te puede decir que es cierto.

Viene el mejor tiempo para el mundo hispano. El mundo está por ver lo que esta generación de latinos está dispuesta a hacer. Estamos dispuestos para IR. Para SALIR. Para HACER más y hablar menos.

Es la generación más capacitada. Sí, debemos prepararnos y capacitarnos, pero al fin de cuentas es la ACCIÓN lo que hará la diferencia. Habrá muchas veces que sentirás que no estás listo, pero con Dios así es. Lánzate sobre los sueños que él da y en el camino irás descubriendo todos los tesoros y planes que él ha tenido desde antes que nacieras.

¿QUÉ SIGNIFICA EL ÉXITO?

Tengo un gran problema cuando alguien me dice algo como: «Oye, qué exitoso se ha hecho RoJO recientemente... felicidades». Mi problema es que para mí ser exitoso no es el que «X» número de personas nos conozcan, nos feliciten o nos den algún premio. Todo eso me honra y me da mucha alegría. Nos da gusto pues queremos que la mayor cantidad posible de personas se conecte con Dios. Pero el que gran número de personas nos conozcan no es lo que me da felicidad o satisfacción. Eso no es en lo que medimos el éxito. Ser exitosos es hacer la voluntad de Dios y usar lo que tienes en tu mano al máximo. Dar lo mejor y cumplir con la misión que Dios te dio. Eso es lo que marca el verdadero éxito.

Creo que a los cristianos todavía nos gusta demasiado «la farándula». Claro, decimos que no tenemos ídolos, pero muchas veces parece que hemos cambiado el idolatrar a imágenes por idolatrar (lo llamamos «admirar») a músicos o predicadores o pastores. Nos toca cambiar eso. Dios no va a usar a un individuo para hacer los cambios que vienen. Un concierto, una cruzada, un congreso o una convención no es lo que hará la diferencia. Todo eso es bueno y pueden ser inicios que prendan una chispa en individuos, pero los cambios que vienen va a ser imposible apuntarlos a un individuo o una iglesia que diga: «Ah, él fue quien comenzó. Ah, ellos hicieron la diferencia». Lo que viene es un movimiento que lo único que podrá decirse es que Dios está moviendo a esta generación.

Reconozco que al principio pensaba que mientras más viajara, trabajara y «sacrificara mi familia» para «hacer cosas para Dios», lograba el éxito. Hace unos años dejamos de viajar como lo hacíamos al principio. Para todos en RoJO nuestras familias son nuestro ministerio principal. No queremos «ganarnos el mundo» y perder a nuestras familias.

Así que si un día no sabes más de nosotros y de repente te encuentras este libro en una vieja caja de recuerdos, te aseguro que seguiremos igual de exitosos si estamos haciendo la voluntad de Dios.

¿QUÉ NOS RESTA POR HACER?

Mucho. Cada vez entendemos más que los cambios que necesita nuestra cultura, nuestras iglesias y nuestros países no van a venir por las cosas que alguien haga desde una plataforma o escenario. Los cambios no los va a hacer un «evangelista que viaja por el mundo», ni «una banda que toca muchos conciertos», o «un programa de televisión que se ve en todas las naciones». Todo eso tiene cierta importancia y pueden ser buenos vehículos, pero creo que el cuerpo de Cristo ha perdido muchas oportunidades y nos hemos acostumbrado a que *otros* hagan las cosas cuando el verdadero cambio vendrá cuando cada uno de nosotros en el cuerpo de Cristo decidamos ser luz y sal.

En definitiva, la iglesia local es la respuesta a las necesidades del mundo.

Tenemos que dejar de jugar a la religión o al «club social dominguero». Dejemos de pensar que «alguien va a ver la necesidad y hacer algo al respecto». Rechacemos el jugar a la «farándula cristiana» (que incluye a bandas, predicadores, pastores y músicos) y respondamos al llamado de Dios.

Servir a Dios y hacer una diferencia no es solo para el pastor, el músico o el misionero. Esta generación está entendiendo que podemos llevar a Jesucristo a la cultura no solo con *un evento masivo* que hagamos al mes. Las acciones que tenga cada persona enamorada de Jesús, ya sea abogado, empleado, albañil, doctor, artista, empresario, escritor, o cualquiera sea el oficio o carrera que tengan, deben ser matizadas por la respuesta a su voluntad. Es un acto de ser sensibles a su voz. Si eso es así, entonces todos somos embajadores, representantes y comunicadores del amor de Dios. Es trabajo de todos.

Si se piensa en la iglesia como el edificio de las cuatro paredes, entonces la iglesia no hará mucho. Si las personas dentro de la iglesia (las cuatro paredes) *accionan*, entonces la iglesia (la novia) hará la diferencia que tanto se necesita en estos tiempos. Al «RoJO» no ser una persona, RoJO no puede hacer mucho. Pero las personas *en* RoJO sí podemos. Cada uno de los integrantes somos parte de la iglesia.

PROVOCANDO UN LEGADO

Cuando me preguntan acerca de cuál es el legado que queremos dejar, sinceramente lo primero que se me viene a la mente son tres ministerios que nos impactaron a todos en RoJO.

Entre muchos otros ministerios y músicos en México, «Generación de Jesús», «La Tierra Prometida» y el «Dueto Moreno» fueron gente que hicieron una diferencia y rompieron paradigmas en la iglesia. Usaron música no convencional en los 70's y 80's para ayudar a la gente a acercarse a Dios. En RoJO reconocemos que ministerios como los que nombré, los cuales siguen trabajando y siendo vigentes hasta hoy, nos abrieron camino para inspirarnos y mostrarnos que se puede usar la música moderna y diferente para hablar de Jesús. Al igual que estos ministerios, son muchísimas las personas que sacrificaron y dieron mucho para que la música y sobre todo el evangelio avanzara en nuestra América Latina. Debemos siempre estar agradecidos con ellos.

Nuestro ministerio principal es nuestra familia. No lo es viajar e impactar el mundo. Nuestro legado es impactar a nuestros hijos, y si los impactamos a ellos y ellos impactan a sus familias, entonces habrá generaciones diferentes. Lamento no tener una respuesta más impresionante para algunos, pero en realidad no queremos «ganarnos el mundo y perder nuestra familia».

También, queremos pavimentar un poco más del camino para que otros lo puedan caminar con facilidad y logren más cosas que nosotros. El legado más importante de lo que hacemos es que otros puedan conocer a Jesús. ¿Qué puede ser más importante que eso? Pero también pretendemos dejar un legado para otros jóvenes que sueñen con cosas similares a las que nosotros soñamos.

En la Biblia, el apóstol Pablo escribió: «Yo sembré, Apolos regó, pero Dios ha dado el crecimiento. Así que no cuenta ni el que siembra ni el que riega, sino sólo Dios, quien es el que hace crecer» (1 Corintios 3:6-7). Unos siembran, otros riegan y otros cosechan. Lo importante es ser parte del cuerpo de Cristo y ver que quien da el crecimiento es Dios. Es él quien hace que las cosas sucedan.

Los conocedores dicen que todos influenciamos a por lo menos nueve personas en el transcurso de nuestra vida. Eso quiere decir que todos podemos impactar y dejar un legado en otros. Eso es independientemente de si estamos en una plataforma o no.

Así que si nos gustaría que nos recordaran de alguna manera, sería que fuimos personas que ayudamos a otros a conocer al Dios de la Biblia y accionar usando lo que se tiene en la mano para tener un mundo diferente. Nuestro deseo es que todos conozcan que Jesucristo es el Señor.

TIPS PARA ALCANZAR TUS SUEÑOS

* Traza metas a largo plazo. ¿Dónde te gustaría estar en cinco años? ¿Y en diez?

* Piensa en cómo podrías provocar un legado en la vida de tus compañeros de escuela o universidad. ¿Qué impacto tienes en tus amigos?

TIPS PARA PADRES, HERMANOS MAYORES Y LÍDERES

* Ayuda a tus jóvenes a pensar en concreto. Dales ideas de cómo concretar sus sueños y decidir qué es lo que quieren hacer con su vida.

* Anímales cuando te cuenten proyectos definidos, sobre todo cuando logran realizar algo que soñaron.

Backstage del video «Solo Tú»

CAPÍTULO 10
EL ÚLTIMO CAPÍTULO...
EL PRIMER CAPÍTULO

Escribir este capítulo se siente algo extraño y emocionante a la vez y, aunque escribo con una sonrisa en mi boca, no deja de ser algo difícil. No solo por ser el último capítulo del libro, sino porque intento escribir algunas líneas de lo que Dios ha estado hablando y haciendo en nosotros, sobre todo en mí y en mi familia, respecto a los pasos a tomar «*después de RoJO*». Alguien dijo que cada principio es el resultado de un final, y cada final genera un principio, y algo de lo que escribo son cosas que no he platicado a muchos. Son unas líneas respecto al último capítulo del «libro» llamado RoJO, y no hablo solo de *este libro*, sino del cierre del ciclo como banda. El final de la banda RoJO.

Desde que se escribió la primera edición de este libro (la versión más corta y con cubierta tipo CD, y que ya se agotó), han pasado cerca de tres años. Tres años de seguir buscando la voluntad de Dios; de evitar descansar en nuestros laureles (mi mamá decía esa frase pero no estoy muy seguro de lo que significa); tres años de seguir obedeciendo, en la manera más entregada posible y dependiendo siempre de Jesús, al llamado que Dios nos ha hecho. Pero sobre todo, tres años de buscar agradar a Dios al dirigir nuestras familias con lo que Dios nos enseña y dependiendo de la dirección del Espíritu Santo, en medio de nuestra imperfección.

RoJO ha llegado al último ciclo como banda musical y no es tan fácil explicarlo pues han sido muchos años, desde antes del año 2000, de victorias, lágrimas, sacrificios, camaradería, fracasos, sorpresas (de todos los tipos) y sobre todo, de ver siempre la fidelidad de Dios. Nunca nos hemos *acostumbrado* a ver la gran misericordia y gracia de Dios hacia nosotros, sino que cada vez más reconocemos que no hay otra manera de explicar lo que ha pasado con RoJO en estos años. Sea poco o mucho lo que hemos hecho, solo nos queda apuntar a quien es el autor de la vida y la salvación: Jesucristo.

En esta época de la vida me siento tal y como me sentía cuando comenzamos RoJO; siento que hay que dar un paso de fe que más bien parece un salto al vacío. Pero no hay una aventura más impresionante en la vida que lanzarse a los brazos de Dios, sabiendo que él es quien dirige tus pasos.

10 AÑOS

Desde que nos bajamos de la barca para comenzar la banda hablamos entre nosotros que la duración de RoJO sería de 10 años. Lo hablábamos y lo repasábamos cada año, o año y medio. Nunca lo dijimos en público ni lo mencionamos en ruedas de prensa, pues aunque siempre hemos estado dispuestos a ir hasta donde Dios diga, sabíamos que teníamos eso como meta: un compromiso y una visión firme para caminar juntos por 10 años.

Comenzar una banda es muy sencillo; *mantenerla* no tanto. Es por eso que era vital tener el compromiso y la entrega a lo que Dios decía desde el principio, y en nuestro caso, decidimos hacer el compromiso de 10 años para ir tras la visión que sentíamos y que escribí desde el principio.

Antes de celebrar los 10 años de RoJO ya comenzaba en mí el mismo sentir que hay siempre antes de cada gira y cada disco, y que se puede resumir así: *No hacemos ningún disco y no hacemos ninguna gira si no hay una dirección específica de Dios para hacerlo*. Entonces, como cada año, estuvimos orando para lo que seguía, y cada vez más me daba cuenta de que los 10 años se habían *cumplido* y ahora tocaba pedir la dirección a Dios para la siguiente fase de la vida y el ministerio.

Sería de los peores errores hacer un disco más solo porque «podemos componer canciones y tenemos un estudio de grabación». Es de lo peor que se puede hacer: organizar una gira «aprovechando los contactos que ya hay».

Orábamos mi esposa y yo, y todo lo que entendía era que teníamos que dar el siguiente paso. No extender más lo que veníamos haciendo sino ir al siguiente nivel. No me refiero al siguiente nivel de un supuesto «éxito» como comúnmente se conoce o como la sociedad lo mide, sino un siguiente nivel de obediencia a Dios. Dios nos ha estado llamando a consagrarnos a él como familia para dar el siguiente paso.

Confieso que ese tipo de decisiones no son fáciles, pues pedir dirección a Dios no solo requiere de escucharlo sino de dar pasos en la dirección que él te pida. Pero también confieso que esas decisiones no son *tan complicadas* de tomar pues tengo la gran dicha de haberme casado con una mujer que desde niña vivió de primera mano y por experiencia propia la fidelidad de Dios. Creció en una casa con unos padres que viven con su confianza y fe puesta en Dios, hasta el día de hoy. No solo cantan y hablan de ello, sino que las ponen en práctica. Juntos somos un equipo, así que eso hace posible en el hogar poder lanzarte a la dirección que sientes de Dios.

DOS «ERRORES» QUE COMETÍ

Dos de las «peores» cosas que podía haber hecho junto con Linda en esos tiempos de buscar la dirección de Dios para la siguiente fase de nuestras vidas, al final del año 2009, fueron: visitar un país no alcanzado en África y comenzar a leer la Biblia con la meta de terminar en el espacio de un año. Al hacer eso Dios alteró totalmente nuestra manera de ver la vida, nuestra familia y el ministerio. Por supuesto que al decir las palabras *«error» o «peor»*, estoy usándolas de manera sarcástica. Es decir, si lo veo desde el punto de vista totalmente humano, consumista y egoísta, por supuesto que es un error, pero aclaro: no fue un error, ¡es lo mejor que podíamos haber hecho!

EL PAÍS NO ALCANZADO

Al visitar este país no alcanzado Dios nos tocó inmediatamente y comenzamos a soñar diferente, pensar diferente y planear diferente. Esa sería nuestra primera experiencia en un país muy diferente a los nuestros en Latinoamérica. No sabíamos lo que significaría.

Salir de nuestra casa en medio de una gira para visitar un país no alcanzado trastornó nuestra manera de vivir. Para quienes no saben, lo que se denomina como «pueblo no alcanzado» o «país no alcanzado» es una región, país o etnia en donde no se conoce del amor de Jesús o no hay discipulado hecho por gente local, sino por trabajo de misioneros, si es que los hay. Es decir, un país no alcanzado es un país en donde no hay cristianos, iglesias, música cristiana en su idioma, o librerías con los últimos «best-sellers» cristianos. Muchos de estos países no alcanzados ni siquiera tienen partes de la Biblia traducidas en su idioma. Específicamente, hasta esta fecha, mil doscientos millones de personas en el mundo no tienen acceso a la Palabra de Dios. En muchos de estos países es ilegal tener partes de la Biblia como propiedad. Puedes ser multado o hasta encarcelado si te descubren con una. Y, ¿cuánto representa mil doscientos millones de personas sin acceso a la Biblia? Aproximadamente la misma cantidad que, a esta fecha, viven en la zona metropolitana de la Ciudad de México (22 millones de personas), ¡pero multiplicado 54 veces! ¡Son demasiados los que no tienen acceso a la Palabra de Dios!

Visitamos este país donde hay muchas necesidades: más del 30 por ciento de desempleo; tienen enfermedades en la piel que nosotros no tenemos por el simple hecho de que tenemos agua y jabón; hay analfabetismo de casi el 50 por ciento. En algunas aldeas tener agua es uno de los más codiciados lujos. Para conseguirla muchos tienen que caminar por kilómetros cada día. Algo que nos dolió en el corazón es que hay regiones donde, durante cierta época del año, las mamás dan de comer a sus hijos un pasto seco, hervido con agua y sal, para que no se duerman con hambre. Eso nos conmovió mucho pues Linda y yo tenemos tres hijos que, si tuviéramos que darles pasto como comida, nos destrozaría el corazón.

Sinceramente no puedo describirte en palabras lo que se ve y se vive en estos países. Yo nací y crecí en México, y como muchos de nosotros que hemos crecido en Latinoamérica, he visto la pobreza de primera mano, pero aun así no se compara a lo que vimos en África. Y, ¿sabes? Ni siquiera fuimos a los países más pobres de ese bello continente. Lo que se *siente* va mucho más allá de la lástima, pues la lástima es algo momentáneo que sentimos cuando vemos una necesidad al pasar por la calle, por ejemplo, cuando vemos a un anciano o un niño pidiendo dinero y les damos alguna moneda que nos sobra, o al ver un programa de televisión con imágenes tristes. Hace tiempo leí que cuando Jesús vio a la gente «como ovejas sin pastor» les tuvo compasión[1]. Esa palabra, lo que se tradujo como compasión, realmente significa «un dolor fuerte en las entrañas». Es

---

[1] Marcos 6:34

Altar a un dios en el sur de Asia

ndonesia, Asia

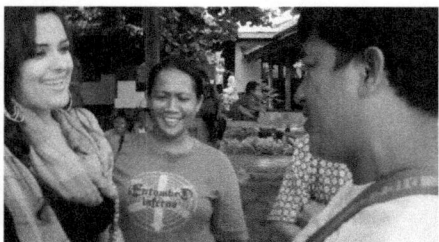

como una patada en el estómago. Nunca me han dado una patada en el estómago, pero ver algunas de esas necesidades se sentía como si alguien lo hubiera hecho.

Te platico algo que me impresionó al andar en una aldea en medio de la nada. Cuando unos chicos notaron que éramos extranjeros, se acercaron. Con mal inglés, tanto el de ellos como el mío, nos pudimos comunicar un poco y reír otro tanto. Pero cuando se dieron cuenta de que yo era mexicano, les cambió la expresión. Se les abrieron los ojos, se sonrieron, me abrazaron y uno, mientras me apuntaba a la cara con su dedo moviéndose de arriba a abajo, me gritó en un español perfecto: «¡María la del barrio!».[2] ¡Sí!

Con alegría me mencionaron futbolistas, artistas, programas de televisión; no solo de México sino de diferentes lugares de Latinoamérica. Me impresionó el cariño y aprecio que tienen por nuestras naciones latinoamericanas, de hecho se alumbró mi mente al saber que a los latinoamericanos nos quieren y nos aprecian en muchas partes del mundo. Tenemos puertas abiertas para cruzar fronteras físicas y culturales como no todas las razas las tienen. El color de nuestra piel, el incluir a la familia en todo, lo rápidos que somos para comenzar amistades, los tipos de economías (con desafiantes crisis que enfrentar cada tantos años) y aun, en algunos lugares, los tipos de especies que usamos en las comidas, nos hace tener muchas cosas en común con diferentes naciones del mundo. ¡Los latinos tenemos el potencial, dado por Dios, para conectarnos de una manera natural con el mundo no alcanzado!

Pero después de estar un rato hablando con ellos entendí que saben mucho de nuestros países, pero no saben que Jesús los ama. Han escuchado muchas canciones y visto películas, pero no han escuchado del nombre que es sobre todo nombre: Jesucristo. Saben de personalidades del deporte, pero no saben del creador del universo: Jesús, el Hijo de Dios.

Al ver eso me di cuenta de que algo está mal con la manera en que vivimos *nuestro* evangelio en el lado occidental del mundo. Y digo «nuestro» pues muchas veces es lo que parece; no parece el evangelio de nuestro Señor Jesucristo, sino que nosotros hemos adaptado el evangelio a nuestro gusto y «cultura».

---

[2] Para quienes no saben, es una telenovela mexicana de los 90's.

EL ÚLTIMO CAPÍTULO... EL PRIMER CAPÍTULO

Estoy consciente de que leer de situaciones como estas y que otros pasan en unas simples páginas de un pequeño libro en la comodidad de nuestro hogar no nos puede mostrar la realidad que se vive en los países no alcanzados o, por otro lado, nos pudiera hacer sentir pequeños y pensar que no hay algo que se pueda hacer. Pero, independientemente de eso, creo que mientras algunos de ustedes leen, hay algo que les salta en el corazón. Es el Espíritu recordándote un llamado que antes te había hecho. ¿Cierto? Es Dios trayendo a tu mente y a tu corazón aquella promesa diciéndote que te va a usar para bendecir a las naciones. Es Dios llamándote otra vez.

LOS AJUSTES

Mi oración al regresar de África fue:

«Dios, bendíceme más, para yo bendecir a otros».

Varios días oré eso, hasta que sentí que Dios me decía con un susurro:

«Hijo, ¡ya estás muy bendecido! Lo que tienes que hacer es usar mejor lo que te doy para que seas de bendición a otros. Te he bendecido para que bendigas a otros».

Dios nos comenzó a dirigir a cambiar nuestra manera de vivir. Aunque siempre pensé que no vivíamos con muchos lujos, mi esposa y yo sentimos que debíamos cambiar de casa y auto, y usar mejor el dinero para poder bendecir y dar a otros. (Claro, al escribir eso es un poco desequilibrado y ridículo, pues en general muchas personas que se considerarían *pobres* en el hemisferio occidental son más ricas que muchos de los pobres de otros países donde viven con menos de 2 dólares diarios, y lo que es «normal» para nosotros es un lujo para la mayoría de las personas del mundo. Así que reconozco que estoy contradiciéndome al decir «*no tengo lujos*» cuando el simple hecho de que el reloj de $40 dólares que tengo en mi muñeca mientras escribo, *sí es un lujo* en muchos lugares del mundo, o porque puedo apoyar la plantación de una iglesia en un país con $40 dólares al mes). Me di cuenta de que gastaba más dinero en regalos de cumpleaños o en Navidad, que lo que daba para los que trabajan en lugares no alcanzados o los necesitados en mi ciudad. Ahora vivimos en una casa más pequeña y manejamos un auto que compramos usado, y sinceramente no nos ha afectado ese cambio, al contrario, nos ha permitido hacer un poco más en lo que Dios nos está a dirigiendo a hacer (aunque te aclaro que no es mucho).

Pero, respecto a las necesidades del mundo, debemos y podemos hacer algo. Tenemos una oportunidad única y emocionante. Debemos llevar el amor de Dios a los pobres y necesitados de nuestras ciudades y en los países y etnias no alcanzadas. De hecho, aunque estamos obedeciendo lentamente, Dios está moviendo a la iglesia en todo el mundo a hacer algo por los necesitados, los pobres y los huérfanos.

Si hay un lugar en donde de seguro Dios está, es con los pobres. Cuando leemos en Lucas respecto a la misión de Jesús, vemos que cuando abrió la Escritura, lo primero que menciona es que él viene a anunciar el evangelio a los pobres:

> *El Espíritu del SEÑOR está sobre mí, por cuanto me ha ungido para anunciar buenas nuevas a los pobres. Me ha enviado a proclamar libertad a los cautivos y dar vista a los ciegos, a poner en libertad a los oprimidos, a pregonar el año del favor del SEÑOR.*
>
> Lucas 4:18-19

UNA URGENCIA

Sí, la iglesia debe hacer algo por las necesidades del mundo, pero también hay una urgencia inminente: hay gente que está muriendo y yendo al infierno sin saber que Jesús los ama. ¿Me entendiste? Existen casi 2 mil millones de personas, en lugares no alcanzados, que no saben que Jesús vino al mundo para restaurar la relación del hombre con Dios; no solo vino, sino que murió en la cruz por *todos* nuestros pecados y además resucitó con poder y ahora está a la diestra del padre intercediendo por nosotros. Y, ¿cuántas personas son 2 mil millones de personas? ¡Multiplica por 250 el número de habitantes que tiene Bogotá, Colombia y puedes tener una idea! Por ellos, esos casi 2 mil millones de personas, Jesús vino a morir también... pero no saben porque nadie les ha dicho. ¿Y sabes qué es lo más increíble? ¡Dios quiere usarnos para que el mundo lo conozca!

Pero mientras tú y yo cantamos del amor de Jesús y disfrutamos de libertades en nuestras naciones democráticas; mientras nos reunimos en nuestras iglesias para estudiar lecciones de la Biblia y mientras disfrutamos de nuestra subcultura cristiana, hay gente que ni siquiera ha escuchado *una vez* el nombre de Jesús, y mucho menos saben que él es el Camino, la Verdad y la Vida. ¡No saben porque nadie les ha dicho!

Antes, yo había escuchado de la región menos evangelizada en el mundo denominada como la Ventana 10/40 (la ventana 10/40 es la región que está comprendida entre el meridiano 10 y el paralelo 40; al norte de la línea del ecuador. Abarca el norte de África, el medio oriente y Asia) y ocasionalmente dábamos pequeñas ofrendas para misioneros (los cuales no conocíamos), pero este viaje y leer la Palabra de Dios comenzaron a hacernos sensibles a la voz de Dios.

Permíteme hacer un paréntesis: Latinoamérica ya no es el campo misionero, sino el cuartel del ejército de donde saldrán misioneros a todos lados del mundo. Es el lugar de donde saldrán las nuevas estrategias que incluirán además de misioneros a personas que trabajan en empresas, medicina, negocios, arte, cine y música; los moverán para hacer algo respecto a los derechos humanos, la trata de personas. Y esto haciendo uso de los talentos naturales de cada quien, pero también haciendo equipo con otros para aumentar el alcance. Se usará todo eso por amor a nuestro Señor y para predicar el evangelio, y no solo suplir el remedio físico y humano. ¡Todos trabajando en la misión de Dios!

LA PALABRA DE DIOS

Ese viaje a un país no alcanzado definitivamente nos impactó, pero algo que nos impactó todavía más fue leer la Biblia, la Palabra de Dios, pues confieso que no era un hábito continuo para mí. Sí, claro, leía libros *cristianos* que *hablaban de la Biblia* o que explicaban *pasajes de la Biblia* o que *inspiraban*. Además, nunca me ha gustado tomar decisiones importantes en la vida sin buscar a Dios en las Sagradas Escrituras y en oración (además de pedir consejos y practicar un poco de sentido común). Pero descubrí que un hábito ya formado era que yo leía la Biblia para escribir canciones o para ver qué compartir o predicar a otros. (Un paréntesis: Qué ridículo es

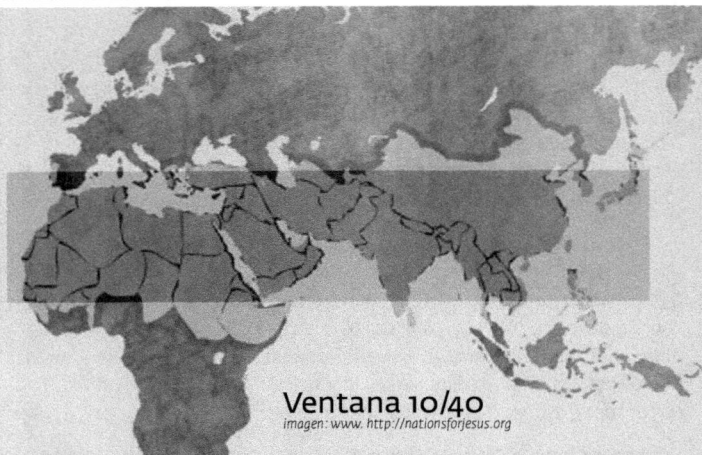

Ventana 10/40
imagen: www. http://nationsforjesus.org

PUEBLOS NO ALCANZADOS, UNA MIRADA RÁPIDA

* Los **7, 000, 000,000** (siete mil millones) de personas en el mundo están comprendidos en 11,000 grupos étnicos en toda la tierra.

* De estos **11,000** grupos étnicos, **6,426** son no alcanzados (sin evangelio, misioneros o iglesia autóctona).

* De estos **6,426** no alcanzados, **3,800** (aproximadamente 500 millones de personas) están desamparados, lo cual significa que no tienen misioneros entre ellos y no hay una iglesia, grupo de Escuela Dominical o de jóvenes que los haya adoptado en oración.

* En el mundo todavía quedan cerca de **2,000** lenguajes sin traducción bíblica.

(Fuente: Department of Global Research, IMB.)

eso, ¿verdad? Leer la Biblia para ver lo que Dios les quiere decir *a otros*, ¡pero no leerla para saber lo que Dios quiere decirme *a mí*!).

Al leer la Palabra de Dios te das cuenta del plan de redención para la humanidad; te das cuenta de que el corazón de Dios late por los que no le conocen. Equivocadamente he pensado, por supuesto que indirectamente, no como mi base teológica, que Dios vive para cumplir mis sueños y hacerme favores. Y, claro, hay pasajes de la Biblia que pudiéramos usar y manipular para eso, pero cuando lees y oras la Biblia te das cuenta de que lo que Dios quiere, más que nuestra comodidad, es que el mundo conozca de él; que toda lengua confiese que Jesús es el Señor. Es decir, nos ama y quiere tener relación con nosotros, pero también quiere usarnos para sus propósitos.

> *Porque de tal manera amó Dios al mundo, que ha dado a su Hijo unigénito, para que todo aquel que en él cree, no se pierda, mas tenga vida eterna.*

> Juan 3:16 (RVR 1960)

Al leer su Palabra te das cuenta también de que él vino para *servir* y para *dar*:

> *...como el Hijo del Hombre no vino para ser servido, sino para servir, y para dar su vida en rescate por muchos.*

> Mateo 20:28 (RVR 1960)

Pudiera buscar unas citas bíblicas que me ayuden a justificar un estilo de vida con lujos, egoísmo o «prosperidad»; o quizá podría justificarme diciendo que debo «enfocarme en mi llamado». Pero después de leer la Biblia, es imposible hacerlo. Quizá hay algunos que justifican cosas que Dios no aprueba, después de escuchar algunas predicaciones de personas que escogen versículos de la Biblia para convencer a los que escuchan de sus ideas humanistas y equivocadas. O después de escuchar canciones «cristianas» que solo mueven las emociones, pero al leer la Palabra de Dios es imposible seguir pensando así. De hecho, algunos consejos que me dieron fue «dejar esa carga a los que Dios les ha hecho ese llamado». Pero ese llamado no es para unos pocos, de hecho el llamado es para *todos nosotros*. Esto es lo que Jesús dijo a sus discípulos:

> *Por tanto, id, y haced discípulos a todas las naciones, bautizándolos en el nombre del Padre, y del Hijo, y del Espíritu Santo; enseñándoles que guarden*

todas las cosas que os he mandado; y he aquí yo estoy con vosotros todos los días, hasta el fin del mundo.

Mateo 28:19-20 (RVR 1960)

Cierto, Dios llama a personas para irse toda la vida a otros países. Otros por unos años, pero ese es el llamado de cambiar de nación. El llamado de ir y hacer discípulos es para todos.

La Palabra de Dios es clara, y Dios nos habló. También el viaje a un país no alcanzado nos impactó pues vimos que hay gente que jamás ha escuchado el nombre de Jesús. Aunque nuestra obediencia no fue inmediata (bueno, eso se llama desobediencia, ¿cierto?), sentimos que Dios nos comenzaba a abrir el corazón y la mente a sus propósitos como familia.

INFORMAR, ORAR, ENVIAR, IR

Obtuvimos una dirección más clara para lo que debíamos comenzar a hacer: Informar, orar, enviar e ir.

Informar a la iglesia de lo que pasa en las naciones (las nuestras y las no alcanzadas) y cómo Dios quiere usarnos. Estar informados nos educa para orar mejor y para pedir a Dios que haga su voluntad a través de nosotros. Creo que el enemigo ha usado demasiado la ignorancia para detener la acción de la iglesia.

Orar es el arma más poderosa que hay. Jesús no nos enseñó a cantar, a predicar o hacer «organizaciones no lucrativas», él nos enseñó a orar (Mateo 6). ¿Sabes? De las decenas de misioneros que he conocido en este tiempo *no ha habido uno solo* que me pida dinero cuando le pregunto qué es lo que nuestras iglesias pueden hacer. Siempre, *siempre*, la respuesta es: Por favor oren por nosotros.

Enviar. Para que haya gente que vaya, debe haber también gente que ame a Jesús y que envíe. Sin importar la carrera que uno tenga, puede ser parte de la obra de Dios en las naciones enviando misioneros y ayuda financiera.

Ir. La necesidad más grande en el campo misionero es gente que vaya a discipular. Faltan obreros, definitivamente. Dios está llamando a muchos que irán y darán el resto de sus vidas en alguna nación o etnia predicando del Señor Jesús. Pero también falta gente de todos los tipos de llamados (doctores, albañiles, estudiantes, músicos, pastores, amas de casa, programadores de computadoras, cinematógrafos, empresarios, etc.) que vayan, incluso en viajes cortos, para apoyar lo que Dios está haciendo. Y al regresar, poder contarlo a otros, además de reforzar su apoyo en oración y finanzas.

Sin embargo, después de esta dirección que sentíamos de parte de Dios, entré en un pánico existencial. Bueno, estoy exagerando un poco al usar la palabra «pánico», pero sí me entró una mezcla de temor y duda. ¿Razón? Había invertido mucho en «el sueño» que sentimos de Dios llamado RoJO. Yo razonaba: «*No puede ser que Dios me dé algo para después quitármelo, ¿cierto?*». Comencé a arrepentirme de haber pedido a Dios que nos hablara y nos dirigiera para la siguiente fase de nuestra vida.

«¿Será que esto es una emoción?», me preguntaba muy seguido, esperando que así fuera. Nos pusimos un poco más en acción en nuestra ciudad y nuestra iglesia local, y por casi más de un año no le conté a nadie de lo que Dios estaba hablándonos. Pero según seguíamos leyendo la Biblia, más entendíamos que el corazón de Dios late por los que no le conocen y sentíamos que Dios nos estaba poniendo en el corazón un nuevo rumbo como familia y ministerio.

Hice preguntas honestas: ¿Debemos seguir solo porque *otros* dicen que debemos seguir? ¿Debemos continuar lo que hacemos porque no debemos desaprovechar todo el trabajo que ya hicimos para «consolidar» a la banda en el mercado? (Sí, sé que suena gracioso, pero ese fue uno de los consejos recibidos de una persona a la cual, por cierto, ni se los pedí). ¿Debemos seguir porque ese es nuestro sustento financiero principal? ¿O será que simplemente hacemos lo que Dios nos pide, aunque no tengamos muy claro el rumbo?

EL SIGUIENTE PASO PARA MI FAMILIA

Hemos sentido que Dios nos está dirigiendo a conocerle más y obedecerle, no necesariamente a «trabajar más». Leo algunos libros de negocios y algunos otros espirituales, pero te confieso que no me impactan tanto como conocer de las familias de los autores. Creo que hoy en día es fácil escribir un libro, hacer conferencias, grabaciones musicales y conciertos sin estar cumpliendo con el llamado de Dios para ti y sin tener intimidad con Dios; sin conocer a Dios y sin que él nos conozca. Es decir, puedes hacer todo lo impresionante en una plataforma o a los ojos de las personas mientras que en lo secreto puedes estar lejos de Dios. Pero cuanto más buscamos a Dios, más nos damos cuenta de cuánto lo necesitamos. ¿Te ha pasado?

Un versículo que aprendí desde niño, pero que ha tomado una nueva claridad en mi vida y que me ayuda a filtrar lo que hago y planeo es:

> No todo el que me dice: Señor, Señor, entrará en el reino de los cielos, sino el que hace la voluntad de mi Padre que está en los cielos. Muchos me dirán en aquel día: Señor, Señor, ¿no profetizamos en tu nombre, y en tu nombre echamos fuera demonios, y en tu nombre hicimos muchos milagros? Y entonces les declararé: Nunca los conocí; apartaos de mí, hacedores de maldad.

Mateo 7:21-23 (RVR 1960)

Popularidad no significa unción, y ser conocido no quiere decir que eres muy espiritual. Si así fuera mis papás y mis suegros serían mucho más conocidos que yo pues ellos, respectivamente, oraban y oran en intimidad con Dios más que yo.

Este pasaje bíblico lo entendí mejor cuando mi esposa le preguntó a una joven pareja de misioneros en un país de Asia que visitamos acerca de cuántas personas habían venido al Señor, y nos hablaron de una chica discípula de ellos. Cuando ella conoció a Jesucristo como su Salvador y Señor, su padre le dio solo unos días para arrepentirse de, en sus palabras, «la estupidez que había hecho». De lo contrario, tendría que mandar a alguien «para matarla por traer tal afrenta a la familia». Pocos días después, cuando su hermano la encontró para preguntarle cuál sería su decisión, la joven de 17 años le dijo con una sonrisa: «Todo lo que me importa es *conocer a mi Jesús*; papá puede hacer lo que quiera, pero yo jamás negaré a mi Jesús».

¡No te hablo de algo que pasó décadas atrás sino en pleno siglo 21! En estos países nuestros hermanos están dispuestos a dar todo lo terrenal, porque saben que han encontrado TODO al conocer a Jesucristo. Están dispuestos a perder todo por saber la verdad del amor de Jesús.

Dios nos ha estado llamando a enamorarnos más de él. A conocerle más; a disfrutarlo no solo por las bendiciones que nos da sino por quién es él. Es decir, dejar de buscarlo solo por los beneficios que nos da, y buscarlo y conocerle *para disfrutarlo a él*. Ese es el viaje en el que hemos estado últimamente.

VOLVER

En este proceso de conocerlo más (que por cierto, cuanto más le conocemos más cuenta nos damos de cuánto nos falta para conocerle y ser como él) nos hemos dado cuenta de que hemos tenido que volver a lo básico, al primer mandamiento. Jesús dijo:

> *...amarás al Señor tu Dios con todo tu corazón, y con toda tu alma, y con toda tu mente y con todas tus fuerzas. Este es el principal mandamiento.*
>
> *Y el segundo es semejante: Amarás a tu prójimo como a ti mismo.*
> *No hay otro mandamiento mayor que éstos.*
>
> Marcos 12:30-31 (RVR 1960)

¿Te puedes imaginar qué sería de nuestras familias y ciudades si comenzáramos a practicar esos dos mandamientos que Jesús dijo que son los más importantes?

Comenzó un viaje, un viaje para volver a lo básico, volver a acercarnos a Dios. Y en ese viaje en el cual seguimos, nacieron canciones que al juntarlas se convirtieron en un disco que hicimos Linda y yo llamado *Volver*. Cada disco es único porque Dios te dirige a hacerlo y este no ha sido la excepción. Es un disco especial por el proceso en que Dios nos ha tenido; son canciones que cada una significa algo único. Además de tener de invitados a amigos como Jesús Adrián Romero, Funky y Os Burruel, fue emocionante tener la participación de nuestros hijos (su banda se llama *Spin3*) cantando con nosotros la canción «Hoy se escucha una canción».

El coro de la canción dice:

Hoy se escucha una canción por toda mi nación
Es la canción de redención

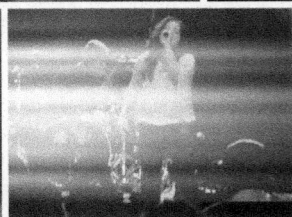
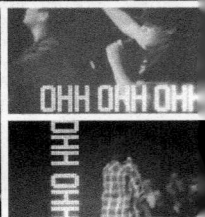

OHH OHH OH!

OHH OH!

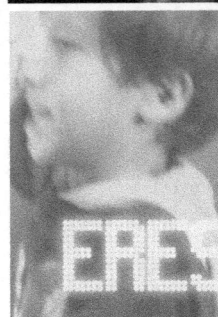

ERES SEÑOR

La justicia correrá y todos lo sabrán,
Que Jesucristo es el Señor[3]

No hay una canción que se llame «Volver», pero todas las canciones encierran ese deseo que Dios ha ido poniendo en nuestros corazones: conocerle más y obedecerle sin medir el costo.

ADORACIÓN EN ACCIÓN

Cuando te apasionas por Dios y buscas conocerle y amarle más, definitivamente tu amor por otros y por los que no le conocen crece. Mientras más le conoces, más quieres entregarte a él; mientras más te entregas a él, más crece tu amor por él. Eso es lo que significa ser un verdadero adorador: vivir entregado a él y a sus propósitos. Por eso, adoración tiene que ver con misiones y misiones tiene que ver con adoración. Hay misiones porque no hay adoración[4]; es decir, las naciones no adoran a Jesús, no se entregan a Jesucristo, no cantan de su grandeza porque no hay quién les diga. Es tiempo de que esta generación ponga en acción la adoración, la entrega de la cual cantamos y hablamos.

IR, ENVIAR O DESOBEDECER

Mientras estábamos en África y después, en un viaje a otro país no alcanzado en el sur de Asia, comencé a entender un poco más lo que Pablo escribió en Romanos 10:

¿Cómo, pues, invocarán a aquel en el cual no han creído? ¿Y cómo creerán en aquel de quien no han oído? ¿Y cómo oirán sin haber quien les predique? ¿Y cómo predicarán si no fueren enviados? Como está escrito: ¡Cuán hermosos son los pies de los que anuncian la paz, de los que anuncian buenas nuevas!

Romanos 10:14-15 (RVR 1960)

Varias personas han querido comenzar movimientos; algunos de esos «movimientos» duran un poco. Otros pasan, y después se ven como modas. Pero si hay un movimiento que de seguro está pasando en este

---

[3] *«Hoy se escucha una canción»* escrita por Emmanuel Espinosa y Linda Espinosa ©2011 ReyVol Musik. Derechos Reservados. Usada con Permiso.

[4] John Piper en su libro *Let the nations be glad* (Baker Academic).

momento (más bien, *desde siempre*) es que Dios se está moviendo para que el mundo conozca de su amor y su plan de redención. Si nos sumamos a ese movimiento de seguro tendremos éxito pues esa idea no nació de hombres sino del mismo corazón de Dios.

Fue a John Pipper que le escuché decir que «todos los cristianos tenemos tres opciones: Ir, enviar o desobedecer»[5]. Yo quiero ser de los que van o envían, pero no de los desobedientes, ¿y tú?

IR: Dios llama a ir a los necesitados y llevar el amor de Jesús con acciones y con su Palabra. Debemos ir a los necesitados en nuestras ciudades y en los países y etnias no alcanzadas. Creo que *todos* debemos ir, ya sea en viajes cortos de días o meses, o viajes largos de años. (Nota importante: En nuestros países de Latinoamérica tenemos etnias no alcanzadas; sí, ¡en pleno siglo 21!)

ENVIAR: A otros Dios los está bendiciendo para enviar. He estado escuchando de tantas personas: maestros, pastores, empresarios, que están abandonando sueños de «casas más cómodas», o «auditorios más grandes», o «autos más nuevos», o «vacaciones exóticas», o «comprar los artefactos electrónicos más nuevos» para usar lo que Dios les da como bendición para que otros conozcan de Jesús. Los que envían, apoyarán a los que van con oración y finanzas, construirán hospitales, financiarán la apertura de pozos, ofrendarán para que la Biblia sea traducida en los idiomas en que todavía no está.

DESOBEDECER: Este es el grupo que tiene una respuesta para todo. «Por qué no diezmar». «Por qué debo vivir en esta casa cara». «Por qué no debo ir a ese viaje misionero y solo enviar un poco de dinero». «Por qué los pobres de mi ciudad son pobres». «Por qué debo vestir con esta ropa de marca aunque tenga que pagarla con tarjeta de crédito». «Por qué debo manejar este auto del año». «¿Para qué ir a otra nación si en mi país hay tanta necesidad?» (Curiosamente, ni en su país hacen algo, y respecto a «para qué ir a otro país», Jesús dijo que seríamos testigos en Jerusalén, Judea, Samaria y hasta lo último de la tierra; es decir, en todos al mismo tiempo, no uno por uno.)

---

[5] Bueno, no lo «escuché», lo leí en su Twitter @JohnPiper.

EL ULTIMO CAPITULO... EL PRIMER CAPITULO

A fin de cuentas «id y haced discípulos» es un llamado que Jesús nos hace a todos. ¿Qué responderá esta generación?

ADIOS

Al decidir terminar RoJO, hicimos una gira de despedida llamada «aDios Gracias». Como el nombre lo indica, el énfasis de la gira es dar gracias a Dios, no solamente por lo que ha hecho en RoJO, sino porque él nos ha dado su salvación y podemos disfrutar de su fidelidad y nos ha hecho parte de su reino. Es demasiado increíble lo que Dios ha hecho, y volver a recorrer ciudades ha sido muy especial y nos ha impresionado seguir viendo la gracia y misericordia de Dios. ¡Toda la gloria es de él!

Sentimos que RoJO ha sido un vehículo que Dios ha usado para su propósito. Dije en otro capítulo de este libro que ver lo que Dios ha hecho a través de las canciones ha sido una alegría y un privilegio. No nos cansamos de agradecer a pastores, líderes, estaciones de radio, grupos de jóvenes y de niños e iglesias con quienes nos hemos aliado para compartir lo que Dios puso en nuestro corazón esos años.

No es una gira de despedida «para no cantar o tocar jamás», pues parte de a lo que Dios nos ha dirigido como familia es seguir haciendo música como Emmanuel y Linda (en cuanto a Linda y yo), Oswaldo ha hecho un disco increíble que se llama «Memorias» y sigue colaborando en su iglesia local y con otros músicos y ministerios (como siempre lo ha hecho), y Rubén está invirtiendo más tiempo con su familia y apoyando a músicos nuevos con conferencias y en su iglesia local.

En medio de la gira me causó risa las diferentes reacciones que he escuchado respecto al «final de RoJO». Te platico algunas: Hay bandas que me han dicho que «*quieren ocupar el lugar que RoJO está dejando*» (no tengo idea de lo que quieren decir pues si Dios tiene un plan para cada quien, nadie entra en los zapatos de otro). Hay otros que dicen que «*es una lástima que estemos terminando lo que Dios empezó*» (como si Dios no nos estuviera hablando y dirigiendo para la próxima etapa de nuestras vidas). Uno que otro, pocos, han dicho que «*es bueno que RoJO no esté más para que no confunda más a la juventud cristiana*». Pero hay otros, ese es el grupo más pequeño de todos, que se nos han acercado para felicitarnos por obedecer la dirección de Dios.

ROJO aDiosGracias

TOUR DE DESPEDIDA   ROJOWEB.COM

VIVIR PARA AGRADAR A DIOS

La tentación más grande es tomar las decisiones importantes de la vida tratando de agradar a otros. Eso es muy, muy peligroso.

Hace tiempo entendí que no tengo que vivir para llenar las expectativas de otras personas; es más, decidí atreverme a decepcionar a otros, pues al que más quiero agradar es a Jesucristo. La canción con la comenzamos el disco de «Emmanuel y Linda» se llama *Es lo que quiero*, y las primeras frases de la canción son:

A donde quieras y como tú quieras
Yo voy a seguirte por siempre
Toma mis manos, mis pies y mis años
Mi vida es pa' ti para siempre

Y después, el coro encierra lo que estamos viviendo en estos precisos momentos. Sinceramente son palabras difíciles de decir, cuando las dices con el corazón:

Más que quedar bien con todos los demás
Yo quiero estar contigo hasta el final
Y locamente hacer tu voluntad[6]

Todavía lucho con compararme con otros. En las decisiones grandes la lucha por compararme no es tan difícil, pero en las cosas pequeñas sí que lo es. Tenemos un televisor que compramos cuando nos casamos. Lo compré usado porque era todo el dinero que teníamos. Es más grande el tamaño del cinescopio, la parte de atrás, que la pantalla, pero todavía sirve igual así que sigue siendo nuestro televisor principal, y único. Cuando voy a la casa de algún amigo y veo sus televisores impresionantes de 500 pulgadas (exagerando un poco), me dan ganas de comprar uno inmediatamente, pero ¿para qué? No lo necesito (aunque las ganas todavía las tengo). NO estoy diciendo que comprar un televisor moderno es pecado, pues si te sobra dinero creo que puedes comprártelo si quieres. En nuestro caso no nos sobra dinero, por eso no es prioridad tenerlo en este momento.

---

[6] «Es lo que quiero» escrita por Emmanuel Espinosa ©2011 ReyVol Musik. Derechos Reservados. Usada con Permiso.

Mi alrededor (lo que alimenta mi mente, mis emociones, y por lo tanto mis «deseos») es una sociedad consumista. Todos queremos más. Nos hemos hecho esclavos de «lo nuevo» que nos ofrecen las compañías: el nuevo teléfono, el nuevo televisor, la nueva computadora o tablet, el nuevo auto, los nuevos zapatos, etc. Pareciera que vivimos esclavos del sistema del mundo y que tenemos que ir al ritmo de los demás. Pero creo que esta generación, al poner sus ojos en Jesús, irá abandonando más lo que el mundo ofrece y nos arrojaremos a hacer lo que él pida.

Sí, escribí esa canción (*Es lo que quiero*) y estamos tomando decisiones que nos están costando un poco, porque se ha despertado un deseo en mi familia de buscar y hacer la voluntad de Dios sin importar el costo. Pero todavía nos falta, aunque escribo del proceso en que estamos, sinceramente todavía luchamos con nuestra humanidad.

Hace un tiempo comencé a pedir a Dios que nos dé sabiduría y arrojo. Sabiduría para saber qué hacer; arrojo para hacerlo. En este momento estamos tratando de practicar el arrojo, aunque cuesta mucho emocionalmente. Lo peor que puede hacer una persona es compararse con otros, por eso no queda más que correr a los brazos de Jesús.

HACER SU VOLUNTAD ES EL VERDADERO ÉXITO

No me había dado cuenta, pero un amigo me hizo una observación sobre nuestro álbum *Volver*. Me preguntó si había sido hecho a propósito, que la primera frase del disco, en la primera canción es:

«A donde quieras y como tú quieras yo voy a seguirte por siempre.» [7]

Y la última frase, en la última canción es:

«Heme aquí, envíame a mí. Heme aquí, Jesús.» [8]

Honestamente, no me había dado cuenta sino hasta después de la observación de mi amigo, y creo que encierra lo que está en nuestro corazón. Pero más que «*sentir*», queremos atrevernos a obedecerle, pues el verdadero éxito es hacer su voluntad, no lo que otros esperen de nosotros.

---

[7] Ibídem.

[8] «Me entrego por completo (Heme aquí)». escrita por Emmanuel Espinosa ©2011 ReyVol Musik. Derechos Reservados. Usada con Permiso.

Si esta generación se dedicara a buscar a Dios como nunca; a vivir en santidad, apartados para él, entonces será la generación que hará los cambios que nuestro mundo necesita y espera. No hablo de hacer más cosas desde las plataformas o en eventos, sino en la calle y fuera de los templos en donde nos reunimos.

¿Te imaginas lo que sucedería si buscamos el éxito en nuestras vidas? Hablo de hacer lo que Dios quiere, *por el gran amor que le tenemos*. Si no sabes, o a veces no entiendes cómo interpretar la Biblia, no te preocupes pues Jesús lo dijo muy claro en Juan 14:15. Lo copio de cuatro traducciones diferentes:

«Si ustedes me aman, obedecerán mis mandamientos». (DHH y NVI)

«Ustedes demostrarán que me aman, si cumplen mis mandamientos». (TLA)

«Si me amáis, guardad mis mandamientos». (RVR60)

Si esta generación no solo estudia la Palabra de Dios, sino que la obedece *por amor a él*, nada podrá detenernos, porque ¡estar con Dios es ser la mayoría!

EL MINISTERIO SIGUE. LA MÚSICA SIGUE.

El ministerio no para, sigue. También sabemos que seguiremos haciendo música hasta que Dios nos lo permita, pues es uno de los talentos que Dios ha puesto en nuestras manos (por cierto, comienza sirviendo a Dios con lo que ha puesto en tus manos); pero honestamente, no tenemos nada más claro que lo que ya platiqué en las páginas anteriores. Sin embargo, mientras corramos la vida de su mano, no importa si no está todo claro; tener a Jesús es lo máximo y de allí lo demás es añadidura.

CUANDO UNA NUEVA GENERACIÓN LE ADORE...

Cuando una nueva generación le adore y vivan entregados a Dios sin reservas, será el tiempo cuando «*la justicia correrá y todos sabrán que Jesucristo es el Señor*». Cuando una nueva generación le adore, amando a Dios con todo su corazón, alma, mente y fuerzas, y ame a su prójimo como a ellos mismos, veremos la diferencia en el mundo.

Que te alaben, oh Dios, los pueblos; que todos los pueblos te alaben.
Alégrense y canten con júbilo las naciones, porque tú las gobiernas con
rectitud; ¡tú guías a las naciones de la tierra!

Que te alaben, oh Dios, los pueblos; que todos los pueblos te alaben.

La tierra dará entonces su fruto, y Dios, nuestro Dios, nos bendecirá.

Dios nos bendecirá, y le temerán todos los confines de la tierra.

Salmo 67:3-7

¿Quieres ser parte? Oro a Dios que este libro esté en las manos correctas y en el momento correcto. Oro que Dios te recuerde los sueños que habías olvidado. Oro que seas parte de la nueva generación que le adora.

¡Vamos! ¡Es nuestro tiempo!

TIPS PARA ALCANZAR TUS SUEÑOS

* **OLVÍDATE DE TUS SUEÑOS**. Dios no es «un "ser" arriba en el cielo» esperando que le cuentes tus sueños. Mejor invierte todo el tiempo necesario en buscar sus sueños para ti.

* **BUSCA LOS SUEÑOS DE DIOS PARA TI**. Lo he dicho antes, pero no encontrarás el verdadero éxito hasta que hagas lo que Dios te pida hacer. Dios quiere mostrarte su voluntad, a pesar de lo imperfecto que seas. ¡Dale!

* **¿HAY ALGUN CAPÍTULO DE TU VIDA QUE DEBAS CERRAR?** Quizá es una relación, un ministerio, un hábito o un sueño. No te preocupes si ya has invertido mucho tiempo en eso; al obedecer a Dios descubrirás más claramente lo que él quiere hacer en y a través de ti.

* **INVOLÚCRATE EN LO QUE DIOS YA ESTÁ INVOLUCRADO**. No pidas a Dios que bendiga tus planes, mejor métete en sus planes pues allí ya hay bendición.

* **ESCOGE BIEN CON QUIÉN TE CASARÁS**. Al casarte harás equipo con esa persona con quien unes tu vida. Adoren a Dios juntos, sueñen juntos, oren juntos, sirvan a Dios juntos (si no puedes hacer esas cuatro cosas con la persona con la que estás por casarte, te recomiendo algo: No ores buscando la voluntad de Dios, ¡yo te puedo decir desde *ya que no lo es*! ☺

* **LEE LA BIBLIA**. Al orar y leer la Palabra de Dios verás que los pasos para hacer su voluntad se harán más claros. No, no todo el panorama será claro, pero los próximos pasos a dar, sí. (No solo escuches predicaciones de los oradores de moda o la música del momento, escucha a Dios en la Biblia).

* **INVOLÚCRATE EN MISIONES YA**. Comienza orando, pero inmediatamente después *ve* o *envía* (pero por favor, *no desobedezcas*). En EmmanuelyLinda.com puedes encontrar muchas ideas de cómo comenzar.

TIPS PARA AVANZAR EN MISIONES E IMPACTAR EL MUNDO (TIPS PARA PADRES, HERMANOS MAYORES O LÍDERES)

* **INFÓRMATE**. No permitas que la ignorancia siga deteniendo a tu familia o iglesia de hacer la voluntad de Dios. Al informarte, puede que comience una aventura increíble en el plan de Dios.

* **SIRVE A LOS NECESITADOS DE TU CIUDAD** involucrando a los jóvenes. Unos amigos líderes de jóvenes en EEUU llevaron a su grupo a entregar comida a los necesitados a una cuadra de su iglesia. Todos los que fueron decían: «no sabíamos que eso pasaba aquí», y les abrió los ojos a seguir haciéndolo y predicar el evangelio.

* **INSPIRA A TUS JÓVENES A USAR SUS TALENTOS PARA IR O ENVIAR**. Sin importar la carrera que tengan, pueden marcar una diferencia en el mundo y obedecer al llamado de «ir y hacer discípulos».

* **VAYAN A UN VIAJE MISIONERO.** Para no esperar mucho y como primer paso, puede ser en el mismo país (recuerda que en nuestra Latinoamérica también hay etnias no alcanzadas), pero pongan como meta ir también a un país no alcanzado. Hay viajes de 10 días o más. Puedes conseguir mucha información y enlaces (links) en nuestro sitio web www.EmmanuelyLinda.com.

* **PROVOCA QUE TU IGLESIA HAGA PUENTE CON UN MISIONERO EN UN PAÍS NO ALCANZADO (DE OTRO CONTINENTE) Y CON UNA ETNIA NO ALCANZADA DE TU PAÍS.** ¿En tu iglesia o tu familia nadie habla de misiones? ¡Comienza tú! El plan de Dios es que el mundo le conozca. Al hacer contacto con un misionero de otro país podrán hacer lazos en oración, envío de ofrendas y quizá también en envíos de misioneros a corto y largo plazo.

LEVANTEN UNA OFRENDA MISIONERA AL MES.
Aprovecha para orar por los misioneros y los que están
enviando. Enseña fotos y videos de lo que Dios está
haciendo.

PONGAN UN MES DEL AÑO COMO MES DE MISIONES.
Informa a tus jóvenes, invítalos a orar contigo por países
no alcanzados. Inviten a un misionero a compartir, etc.
Encuentra más ideas en nuestra página web.

CONOCE A DIOS Y QUE ÉL TE CONOZCA. Ten cuidado de
no poner la obra de Dios por encima de él en cuanto a lo que
le das la máxima importancia. Dios quiere tener relación
contigo todos los días... ¡que comience la aventura!

PARA INFORMARTE DE A DÓNDE DIOS NOS ESTÁ
LLEVANDO Y DE QUÉ MANERA TÚ TAMBIÉN PUEDES
INVOLUCRARTE EN LA MISIÓN DE DIOS EN EL MUNDO,
VISÍTANOS EN:

www.EMMANUELYLINDA.com

facebook.com/EmmanuelyLindaEspinosa

twitter: @EmmanuelYLinda

PARTE 2

ROJO
PERSONAL
MÁS QUE UNA CANCIÓN

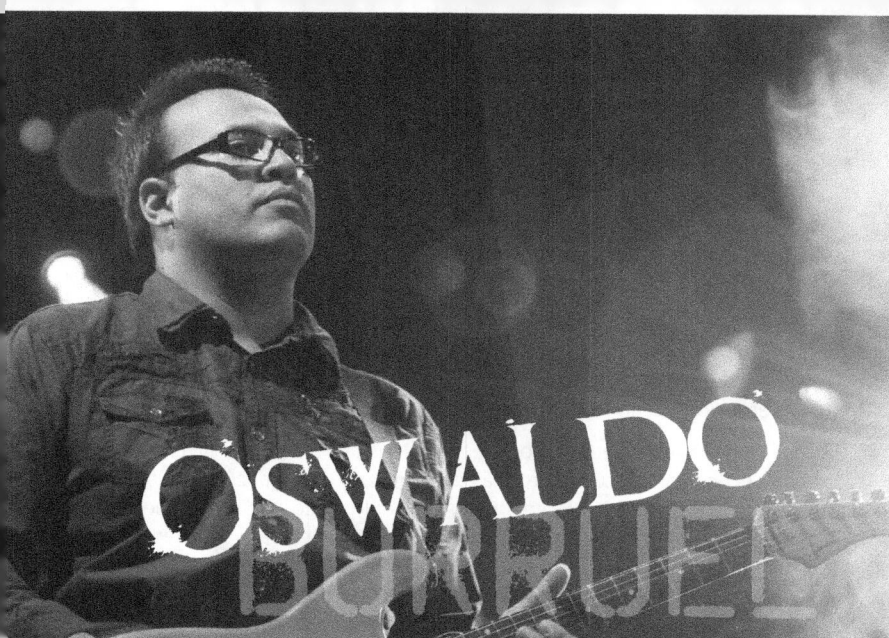

OSWALDO BURRUEL

Mi vida comenzó en una familia muy normal, si es que existe alguna. Mi padre era músico de toda la vida y también trabajaba para el gobierno estatal. Mi madre era hija y hermana de músicos. Todo marchaba bien en los planes de tener una familia para este joven matrimonio, pero mi madre tenía problemas para embarazarse. Luego de tres años de intentos, varios tratamientos y operaciones quedó embarazada, y así fue como nací en febrero del '78 en Hermosillo.

Todo era pura felicidad para ellos hasta que a los diez meses de nacido empecé con una tos muy aguda que se convirtió en bronconeumonía y se empezaron a cerrar mis pulmones. Una tarde me llevaron al hospital de urgencia y los médicos realmente me vieron muy mal.

Con mucha tristeza les dijeron a mis padres que a lo mejor no pasaba de cuarenta y ocho horas y que si salía de esa iba a quedar muy delicado de salud durante el resto de mi vida. En ese entonces mis padres no eran cristianos, pero mi madre recuerda que ahí mismo me dedicó a Dios. Cuatro largas horas después ya estaba afuera del hospital y jamás he sufrido algo parecido.

Crecí como un niño normal, nunca tuve problemas en la escuela, ni de comportamiento ni en las calificaciones. Cuando tenía ocho años, mis padres decidieron seguir a Jesús y empezamos a asistir a una iglesia. Éramos tres hermanos en la familia y recuerdo que aunque no teníamos lujos, nunca nos faltó nada.

Siempre me llamaron la atención los instrumentos musicales. Mis tíos tenían un grupo musical y eso me daba acceso a todos. Empecé a tocar un poquito de todo aunque en realidad primero me gustaba más el béisbol y tuve la oportunidad de jugar en varios torneos nacionales e internacionales en diferentes ciudades.

Gané varios trofeos como bateador y lanzador porque le sacaba provecho a mi estatura, pero a la edad de diez años empecé a sentir molestias en una rodilla y en un tobillo. El dolor llegó a tal grado que tuvieron que internarme para hacerme estudios. Estuve mes y medio en el hospital. Recuerdo que me tocó estar la fecha del desfile del 20 de noviembre de 1988. En cuanto este terminó, mi cuarto se llenó de mis amigos uniformados de peloteros. Nunca se me olvidará.

El diagnóstico después de varios días fue que tenía una artritis juvenil. Los médicos dijeron que iba quedar tocado y que a la vuelta de los pocos años me iba a volver la enfermedad. Aunque esto era un problema de salud diferente, por segunda vez los médicos tenían malas noticias acerca de mi salud.

Curiosamente fue para ese entonces que comencé a entender lo que era el amor de Dios y su misericordia. Estaba completamente consciente de lo que me podía pasar. Uno piensa lo peor. Hasta el no volver a caminar o no poder jugar béisbol nunca más, pero otra vez Dios me demostró que tenía buenos planes para mí.

Después de una rehabilitación de unos meses volví a jugar y recuperé el nivel de siempre. Para ese entonces empezaba a tocar la guitarra en mi iglesia y sentía la pasión por servir por medio de la música. A los quince años, empecé a estudiar en la guitarra y ya comencé a participar en cuanto evento de la iglesia pudiera. Participé en reuniones, campañas, congresos, campamentos, etc... Esa fue la mejor escuela para aprender a dominar mi instrumento. El béisbol había pasado a un segundo plano.

Crecí en la iglesia y recuerdo que muchas personas me decían que Dios tenía algo especial para mí. Muchas de las palabras de parte de Dios que escuché me dijeron que saldría a muchas naciones y que muchos jóvenes iban a ser bendecidos por medio de la música que tocaba.

Estas palabras estuvieron siempre conmigo y fueron las que me ayudaron en las épocas difíciles. Dios usa al que está dispuesto. Solía pensar que no estaba preparado. Creía que no tenía un testimonio que impactara a la gente porque siempre estuve en la iglesia. Sentía que no tenía los suficientes recursos económicos, ni los mejores instrumentos. Además, luchaba contra los que decían que mejor me pusiera a estudiar una carrera y que tomara la música como un hobby.

En fin, eran varias situaciones que me frenaron por un tiempo. Pero decidí poner todo en manos de Dios y creer que los sueños que tenía y esas palabras que me habían dado sí se iban a cumplir. Te puedo decir que el camino fue largo y a veces muy difícil. Ahora veo y escucho testimonios de personas que han sido transformadas en nuestros conciertos y es cuando digo que valió la pena esperar.

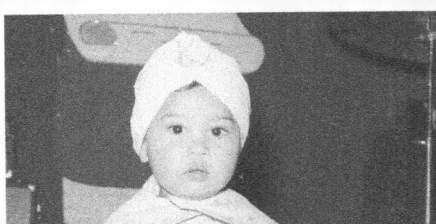
un bebé

5 años

9 años, junto a mis 2 hermanos: Betzaida y Adrian

Una Squire II como del año 88, mi primera guitarra... que todavía tengo.

MINI REPORT A OSWALDO

¿QUÉ PUEDES DECIR DE TU FAMILIA?

Son mi fuerza y combustible para seguir adelante. Son lo que más disfruto y a la vez me dan descanso. Mi esposa Mónica es mi apoyo emocional y espiritual más grande. Mis hijos Isabella y Santiago son los que revolucionan mi vida y son mi más grande orgullo. Mis Padres y hermanos siempre han estado conmigo desde el principio. Ellos han creído siempre en mí. Desde que empezaba a soñar, pero en la realidad no pasaba nada.

¿QUÉ ESPERANZA HAY PARA ESTA GENERACIÓN?

Que Dios siempre está atento a estos tiempos y que él es el mismo siempre. Sus palabras y promesas nunca cambian.

¿QUÉ SIGNIFICA PARA TI ESTAR EN ROJO?

Es un sueño hecho realidad y a la vez un gran reto para mi vida.

¿QUÉ ES MÁS IMPORTANTE PARA TI, LA PREPARACIÓN O LA OPORTU-NIDAD?

Ambas.

¿DEBE UN CRISTIANO INVOLUCRARSE EN LA POLÍTICA?

Definitivamente sí.

¿CÓMO SE PUEDE INFLUIR EN LA CULTURA DE HOY SIENDO EMBAJA-DOR DE JESÚS?

Debemos ser profesionales transparentes y estar firmes en nuestras convicciones.

¿CUÁL ES LA PERSONA(S) QUE MÁS TE INFLUENCIÓ PARA CONOCER A JESÚS?

Mis padres.

¿CÓMO PUEDE SER MÁS RELEVANTE EL CRISTIANISMO EN LOS TIEM-POS DE HOY?

Siendo más creativos a la hora de llevar el mensaje y usando todos los medios disponibles.

¿CÓMO SE PUEDE SER CRISTIANO Y NO SER UN RELIGIOSO?

Simplemente hay que vivir como Jesús. Nuestra vida debe reflejar a Jesús.

UN CONSEJO DE LA VIDA QUE TE HAYA SERVIDO MUCHO ES:

Es de sabios saber esperar.

TRES LIBROS QUE RECOMIENDAS:

El misterio de la voluntad de Dios; por Charles Swindoll.
Lo mejor de ti; de Joel Osteen
Agorafobia; de Junior Zapata.

¿POR QUÉ ESCOGISTE LA GUITARRA COMO TU INSTRUMENTO PRINCIPAL?

Se me hizo más divertida que los demás.

¿CUÁL FUE LA PRIMERA CANCIÓN QUE APRENDISTE A CANTAR/TOCAR?

La Bamba (jejejeje).

UN CONSEJO QUE HAYAS RECIBIDO DE UN MÚSICO QUE TE HAYA SERVIDO MUCHO ES:

Practica, Practica y Practica.

¿CREES QUE EL MÚSICO NACE O SE HACE?

Nace.

¿CUÁL ES LA BANDA O MÚSICO QUE MÁS TE INFLUENCIÓ?

Generación de Jesús de México.

¿CUÁLES SON TUS TRES CANCIONES FAVORITAS?

«Dame más de Ti», «Supongamos», «Yo te busco».

¿CUÁNDO DECIDISTE QUE TE DEDICARÍAS A HACER MÚSICA?

Cuando era adolescente recibí varias confirmaciones de que iba a ser usado por Dios por medio de la música.

¿QUÉ DÉCADA CREES QUE TUVO LA MEJOR MÚSICA?

80's.

¿CUÁL ES EL EFECTO SIN EL CUAL NO PUEDES ESTAR AL TOCAR LA

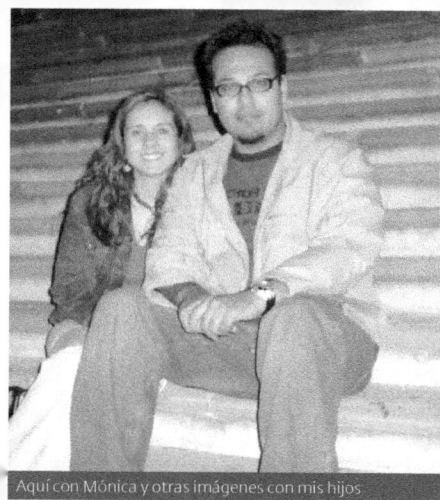

Aquí con Mónica y otras imágenes con mis hijos

Somos parte de tus sueños hechos realidad...

Te Queremos
Isabella & Santiago

Santiago

Oliver & Santiago

Santiago, Oliver & Isabella

GUITARRA?

Delay.

¿CUÁL ES EL ESTILO DE MÚSICA QUE NO HAS TOCADO PERO QUISIERAS?

Funk.

¿BEETHOVEN O MOZART?

Mozart.

¿TU SUPERHÉROE FAVORITO? ¿POR QUÉ?

Batman. Por que tenía el Batimóvil.

¿CUÁL ES TU PELÍCULA FAVORITA (HASTA HOY)?

«Gangster Americano».

¿CUÁL ES EL MOMENTO MÁS VERGONZOSO QUE HAYAS TENIDO?

Una vez nos castigaron a todo el salón en la secundaria y nos pararon en medio de toda la escuela.

¿CUÁL ES TU COLOR FAVORITO?

Negro.

¿QUÉ DISFRUTAS HACER CUANDO ESTÁS EN FAMILIA?

Estar en mi casa y con amigos.

¿QUÉ COSA NO DISFRUTAS HACER CUANDO ESTÁS EN FAMILIA?

Sacar la basura.

SI TE SOBRARAN DOSCIENTOS MIL DÓLARES, ¿QUÉ HARÍAS CON ELLOS?

Asegurar la educación de mis hijos y me compraría un Cuda 440 de 1970.

¿CUÁLES SON TUS TRES CANCIONES FAVORITAS DE ROJO?

«Quiero», «Gasolina» y «No me soltarás».

LINDA ESPINOSA

Nací en San Diego, California, un 20 de octubre de un año en el pasado milenio. Soy la hija número cinco de doce; no hay gemelos ni adoptados. No dudo nada en decir que mis padres son la influencia más grande en mi vida. Ellos comenzaron a hacer música juntos desde que se casaron. Durante su luna de miel, tomaron un viaje en un pequeño barquito y cantaron por el trayecto, y a los pocos minutos se percataron de que quien manejaba el barquito tenía lágrimas en los ojos.

Ellos dejaron de cantar para no incomodar al capitán, pero él les pidió que no se detuvieran, así que cantaron más canciones y, momentos después, ese capitán estaría aceptando a Cristo como su Salvador. Mis padres siempre tuvieron un corazón para la gente y usaron la música en la iglesia, y esa experiencia en el barquito les afirmó algunas de las cosas que querían hacer juntos.

Mis padres comenzaron a pastorear en los tiempos en que yo nací y lo hicieron «desde cero». No fueron a iglesias a invitar a otros cristianos a que ahora se cambiaran a «la nueva iglesia de la ciudad».Crecí en una casa en donde había música todo el tiempo. Cantar y escuchar música eran cosas muy normales para mi vida. Esa es la casa en donde crecí. Claro que no era una casa perfecta, pero sí una casa en donde amar a Dios, confiar en él y ser agradecido era una enseñanza que se practicaba.

Al mudarnos de San Diego, California a Tucson, Arizona, mi papá solía ir de casa en casa para invitar a la gente a conocer a Dios y que nos acompañaran en la reunión en la iglesia. La gran mayoría de esas puertas eran cerradas de inmediato en su cara. Eso no los desanimaba porque sabían que Dios les había dicho que hicieran eso.

Hacíamos reuniones en carpas y en casas, pero sobre todo en los parques. La gente miraba a mi papá con la guitarra y a mi mamá cantando alabanzas a Dios. De esa manera, la gente se acercaba. Mis padres usaban la música como un vehículo para que la gente se conectara y es así como comenzó la iglesia y el ministerio de ellos.

Ellos han hecho decenas de grabaciones, han ministrado en muchas ciudades, países y han pastoreado por más de 30 años. Son el mayor ejemplo de fidelidad e integridad para muchos, pero sobre todo para mí y mis hermanos. Son la influencia más grande en mi vida.

PROCESO

Mis padres tenían un ministerio que se llamaba el *Dueto Moreno* y siendo hija de pastores, hubo muchas cosas divertidas que viví. Viajamos a muchos lugares y tuvimos muchos días de campo familiares. Son memorias muy bonitas grabadas en mi mente.

Al crecer había desafíos muy interesantes. Muchas veces se sentía como vivir en una casa de cristal. Parecía que *todos* veían lo que hacíamos *los hijos de los pastores* y tenían su opinión de cómo deberíamos portarnos y cómo ser. Algunos decían que deberíamos «ser ejemplo» para los otros niños o adolescentes de la iglesia. Eso más de una vez fue una carga dura de llevar. Con el tiempo descubrí el inmenso privilegio de crecer con gente que ama y sirve a Dios.

Mis padres me enseñaron que todo el mundo tiene derecho a una opinión y que lo más importante es amar y servir a Dios con lo poco o mucho que tengas. Esas experiencias nos hicieron crecer como familia y ser más fuertes, hasta desarrollar talentos que ni sabíamos que teníamos.

Aprender eso nos ha servido en RoJO. Hay mucha gente que forma su propia opinión sin conocer detalles de nosotros o lo que hacemos. El hecho de haber crecido en donde crecí, me ha hecho ser una entendida en saber que la opinión más importante es la que Dios tenga de mí.

Si eres hijo de pastor, quiero animarte a que no te desesperes ni te desanimes. Estás viviendo un proceso en el que Dios está formando el hombre o la mujer que él usará. Si te dedicas al ministerio a tiempo completo o no, él tiene cuidado de ti. Cada situación que hayas vivido tanto buena como no tan buena, te hará más prudente y un día estarás ayudando a alguien más que esté pasando por lo mismo. Es un proceso. Disfrútalo.

LLAMADO

Aunque me gusta la música desde mi niñez, nunca pensé dedicarme a ella como profesión o ministerio. Siempre me comparaba con gente más talentosa que yo. Me gustaba la música y amaba a Dios, pero nunca pensé que me dedicaría a cantar. Estaba planificando buscar otra carrera. Cantaba en el coro de la iglesia con mis hermanos, pero al ser una persona reservada y tímida, pensé que no era para mí.

Descubrí que Dios nos da dones y talentos en ciertas áreas y que debemos explotarlos antes de decidir qué carrera tomar. ¡Qué bueno que tuve padres entendidos! Nunca me dieron la opción de privar lo que tanto se me facilitaba: la música.

A los doce años comencé a tocar el violín y a los quince me integré al mariachi. Estaba integrado por mis hermanos en su mayoría. Acompañábamos a mis padres en muchas de sus giras. El director era mi hermano mayor, Eliezer. Llevábamos por nombre El Mariachi Los Salmos. Allí fue donde comencé a viajar a diferentes lugares para ministrar y cantar un poco más. Nunca fui la cantante principal, sino mis padres y mis hermanas Lilian, Annette y Karina (que hasta el día de hoy son mis cantantes favoritas).

Eran tiempos muy divertidos. Junto a mis padres y mis hermanos, aprendimos de las disciplinas y compromisos al viajar y ministrar. Nos instruimos a estar listos para todo tipo de sorpresas: aviones retrasados, llantas ponchadas, pruebas de sonido, a veces ofrenda y a veces una palabra de gratitud. Aprendimos que todo lo hacemos para Dios y que la familia es lo más importante en la vida.

Aunque las inseguridades seguían en mí, podía ver lo increíble que es compartir a otros, a través de la pasión dentro de mí, la música. Años después he entendido que esos tiempos han sido de crecimiento y son claves para hacer lo que hago hoy. Estoy sorprendida de lo que Dios puede hacer con una persona insegura y que no se veía talentos como yo. ¿Componer canciones? ¿Cantar? ¿Viajar para inspirar a otros a que conozcan a Jesús? Con sinceridad, nunca pensé que lo haría. No soy la mejor autora de canciones ni la mejor cantante, pero he aprendido a conocer al Dios de gracia que quiere usar a los que están dispuestos.

CASADA EN EQUIPO

Además de tener la gracia de Dios y a las personas que puso a mi rededor al crecer, desde que éramos novios Emmanuel me animaba a cantar más. Una vez que nos casamos, comenzamos a escribir juntos. Estar casada con una persona que me inspira, que cree en mí y que es un apoyo en mis sueños ha sido una aventura muy tremenda. Cada persona que piense en casarse tiene que saber que al hacerlo, estará haciendo un equipo. Es un equipo de dos en donde si Dios se pone en el centro, el éxito es seguro.

La Biblia habla de no unirte con alguien en yugo desigual y muchos entienden eso solo como casarte con alguien que también «vaya a la

iglesia». Por supuesto que debes casarte con alguien que es un enamorado de Jesús y que es un miembro activo de una iglesia. Sin embargo, hay otros detalles que considerar además de eso. Debe ser una persona que vive con valores y principios iguales a los que tú vives y que desea ponerlos en práctica en la familia que formes.

Estoy muy agradecida con Dios porque conocí a una persona que ama a Dios y que se esfuerza para que nuestra familia crezca en amor a él y a otros. Ser un equipo con Emmanuel en nuestro matrimonio nos ha hecho aprender más de cómo relacionarnos entre nosotros y ayudar a otros a que se relacionen con Dios.

Nos casamos en febrero de 1999. RoJO comenzó con mi hermana Anette ese mismo año y se mantuvo por doce meses con la banda después de lanzado el primer disco.

Al salir Annette estuvimos buscando otra cantante, pero no pudimos encontrar otra. Para ese tiempo, Emmanuel y yo habíamos comenzado a componer para otra grabación, pero un día me preguntó si quería integrarme al grupo. Le dije que me diera tiempo para pensar y tener paz. Nuestra amiga Edith y en ocasiones mi hermana Esther ayudaron en la banda durante ese tiempo mientras salía de un difícil embarazo. Comencé a cantar con RoJO en el 2003 y desde entonces ha sido genial ser equipo con mi esposo.

LOS VIAJES Y LA INVERSIÓN

En el 97% de los viajes que hace RoJO, Emmanuel y yo estamos siempre acompañados por nuestros tres hijos. No creemos en tratar de «ganarnos el mundo» a la vez que perdemos a nuestra familia. En ninguna manera estoy diciendo que somos los padres perfectos, pero hemos decidido no sacrificar nuestra familia por hacer conciertos o cosas «ministeriales». Ese es nuestro primer ministerio.

¿Ha sido fácil? No. A veces parece que los niños tienen energía las 24 horas del día. En los viajes, es normal que se cansen de estar la mayoría del día en un hotel. Tenemos que ser muy creativos para entretenerlos. Los días de viaje son muy interesantes y con mucha acción. A veces tienen que hacer tarea de la escuela para no retrasarse y es importante que las hagan aun estando fuera de la casa.

Soy sincera al decir que hay ocasiones que se acumula el cansancio con todos los extras de las giras tales como dormir poco en cuartos de hotel, cambios de horarios, comer fuera y cosas diferentes, o despertar a tus hijos a las 3 AM por tres días seguidos para tomar dos vuelos cada día. Se comienza a sentir el peso de no tener una vida más «normal» con rutinas y horarios como la gente comúnmente hace. Pero al ver el resultado de tener a tus hijos viendo lo que Dios hace en tantos lugares y ver despertar en ellos el querer ser parte de eso, es un privilegio que no cambiaría por nada.

Si Dios puede usar a una persona como yo, que creció con tantos temores, estoy segura de que Dios puede usar a alguien como tú. ¿Sabes que tu futuro no depende de tu pasado? Hay gente que viene de familias con muchos recursos y otros que vienen de familias de menos, pero tu futuro depende de que decidas entregar todo a Jesucristo. Busca su rostro y descubrirás sus sueños para ti. Esos sueños, los de él, sí se cumplen.

En alguna prueba de sonido

Mis papás

Mi mamá y yo

En medio de una gira con los niños

Presentando a nuestros hijos en alguno de los coniertos

Practicando con Angelo

El día más feliz de mi vida, la boda

En Senegal

Nuestra luna de miel

Trabajando una canción en el avión

Con Eric y mi hermana Esther en Argentina

Con Michael en California

Con Angelo en España

MINI REPORT A LINDA

¿QUÉ ESPERANZA HAY PARA ESTA GENERACIÓN?

Si esta generación se conecta de manera íntima con Jesús y hace a un lado la religión para olvidar las opiniones de otros, entonces creo que no hay límites. Deben enfocarse para lo que fueron creados para hacer.

¿QUÉ ES MÁS IMPORTANTE PARA TI, LA PREPARACIÓN O LA OPORTUNIDAD?

La preparación, porque si estás preparado podrás confrontar las situaciones. Ya sea en cuestión de talentos, tu fe, política, etc.

¿DEBE UN CRISTIANO INVOLUCRARSE EN LA POLÍTICA?

¡Claro! Como ciudadanos debe importarnos lo que pasa en nuestro país. Si hay más derechos y dinero destinado a la agenda homosexual, al aborto y a otras políticas que destruyen nuestra economía y sociedad es por la falta de cristianos accionando.

¿CÓMO SE PUEDE INFLUIR EN LA CULTURA DE HOY SIENDO EMBAJADOR DE JESÚS?

Hablando menos y haciendo más.

¿CUÁL ES LA PERSONA(S) QUE MÁS TE INFLUENCIÓ PARA CONOCER A JESÚS?

Mis papás invirtieron mucho en mí y en mis hermanos. Ellos son la influencia más grande.

¿CÓMO CREES QUE PUEDE SER MÁS RELEVANTE EL CRISTIANISMO EN ESTOS TIEMPOS?

Que los cristianos seamos verdaderamente luz y sal. No avergonzarnos de lo que creemos y usar cada oportunidad para hablar y sobre todo *vivir* el amor de Dios. El cristianismo no es solo hablar sino *actuar*.

¿CÓMO SE PUEDE SER CRISTIANO Y NO SER UN RELIGIOSO?

Sé transparente, da a los pobres y sirve a otros.

UN CONSEJO DE LA VIDA QUE TE HAYA SERVIDO MUCHO ES:

Pon a Dios y tu familia antes que tu trabajo o ministerio.

RECOMIÉNDANOS TRES LIBROS:

La cabaña; de Paul Young

A Leader in the making; de Joyce Meyer

Enséñame a vivir; del mejor escritor, mi esposo Emmanuel (pero creo que mi opinión no es muy imparcial ¡JA!)

¿POR QUÉ ESCOGISTE CANTAR COMO TU «INSTRUMENTO» PRINCIPAL?

Porque es una manera en la que puedo comunicar a esta generación lo que está en mi corazón.

¿CUÁL FUE LA PRIMERA CANCIÓN QUE APRENDISTE A CANTAR?

La primera que viene a mi memoria es «Quiero cantar una linda canción».

UN CONSEJO QUE HAYAS RECIBIDO DE UN MÚSICO QUE TE HAYA SERVIDO MUCHO ES:

«No te preocupes ni te enfoques en lo que otros digan o piensen de ti –bueno o malo-, sino enfócate en lo que Dios te tiene haciendo».

¿CREES QUE UN MÚSICO O CANTANTE NACE O SE HACE?

Nace y se hace. Pero es más fácil que un músico se haga a que un cantante se haga.

¿CUÁL ES LA BANDA/MÚSICO QUE MÁS TE INFLUENCIÓ?

Mis papás.

¿CUÁLES SON TUS TRES CANCIONES FAVORITAS?

«Feels like today» de Rascal Flatts

«Más allá del sol» (el himno)

«The heart of worship» de Michael W. Smith

¿CUÁLES SON TUS TRES CANCIONES FAVORITAS DE ROJO?

«Hasta que ya no respire más», «Haré oír mi voz» y «Vive en mí».

¿CUÁNDO DECIDISTE QUE TE DEDICARÍAS A HACER MÚSICA?

Al ver que la música puede ayudar a que la gente tenga un encuentro con Dios.

¿QUÉ DÉCADA CREES QUE TUVO LA MEJOR MÚSICA?

¡Los ochentas!

¿CUÁL ES EL ESTILO DE MÚSICA QUE NO HAS CANTADO PERO TE GUSTARÍA?

Country.

¿BEETHOVEN O MOZART?

Beethoven.

¿CUÁL ES TU SUPERHÉROE FAVORITO? ¿POR QUÉ?

La mujer maravilla. ¡Porque era la mujer maravilla!

¿CUÁL ES TU PELÍCULA FAVORITA (HASTA HOY)?

«Pride and prejudice» (la clásica de los 40's)

¿CUÁL HA SIDO EL MOMENTO MÁS VERGONZOSO QUE HAYAS TENIDO?

Los primeros no se pueden mencionar en el libro, pero uno de los «TOP 10» es este. En un juego de baloncesto, me dieron la pelota en los últimos segundos del partido. Corrí a toda velocidad... pero al lado contrario. Mientras corría escuchaba a los de mi equipo gritando, pero pensé que me estaban animando, y cuando metí la canasta, me di cuenta de que era para el equipo contrario y perdimos el partido.

¿CUÁL ES TU COLOR FAVORITO?

Azul.

¿QUÉ DISFRUTAS HACER CUANDO ESTÁS EN FAMILIA?

Ir a Disneylandia.

¿QUÉ COSA NO DISFRUTAS HACER CUANDO ESTÁS EN FAMILIA?

Cocinar.

SI TE SOBRARAN DOSCIENTOS MIL DÓLARES, ¿QUÉ HARÍAS CON ELLOS?

Después de los diezmos, ofrendas e impuestos, junto mis doscientos con los doscientos de Emmanuel, y me compraría una cabaña en Colorado (Zona montañosa en Estados Unidos).

RUBÉN GONZÁLEZ

Nací en Hermosillo, México, en agosto de 1974. Soy el mayor de cuatro hermanos. Mi madre, a pesar de haber tenido problemas en su primer embarazo y haber perdido a gemelos, lo intentó por segunda vez y yo nací. Soy de una familia donde la música no era tema de conversación. Mi padre ha trabajado en la mecánica toda su vida y mi madre trabajó por más de veinte años para el sistema tributario el país.

Uno no tiene ni la menor idea de cómo Dios usa las cosas para hablarnos. Mi familia traía consigo todo lo que una familia que no conoce de Dios puede padecer. Tenía un padre alcohólico y una madre que no respetaba a su marido por sus actitudes y sus vicios. Había malas compañías, malas costumbres (como criticarse unos a otros en el trabajo, con tus vecinos, con tu misma familia, etc.) y los hijos desatendidos. Era una familia típica como para telenovela.

COMENZANDO UNA AVENTURA CON DIOS

Mi madre tenía un grupo de amistades que no eran ejemplo a seguir. Pero había una amiga en particular que siempre se mantenía al margen de las cosas que no eran correctas. Esa amiga era conocida por todos como la «aleluya» o la «religiosa».

En una ocasión, dicha amiga invitó a mi madre a un evento que se aproximaba (cruzada evangelística) donde se esperaba hubieran milagros y sanidades. La primera reacción de mi madre fue: «Gracias pero no me interesa, yo estoy bien así». La amiga, sin bajar la guardia, insistió por varios días. Finalmente, y después de estar harta de tanta insistencia, mi madre aceptó la invitación con una condición: después de ir con ella a ese evento, nunca más le hablaría de cosas «religiosas». ¡Nunca! Su amiga aceptó.

Llegó el día del evento. Mi madre llevó con ella a mis dos hermanas de seis años. Mi madre subió al auto y se dirigió al lugar del evento. Sin explicación, al llegar al estacionamiento del lugar, empezó a experimentar sentimientos encontrados como aflicción, remordimientos y ansiedad, y se soltó en llanto en el mismo auto, aun sin haber entrado al auditorio donde se llevaría a cabo el evento.

Una vez estando dentro del auditorio, señala que el orador empezó hablar «puras cosas sobre ella». Él desafiaba a todas las personas. Pero aseguraba que estaban hablando de ella y sentía que todas las personas estaban viéndola solo a ella. Mi mamá fue así transformada al conocer el propósito de Dios para su vida. Se dio cuenta de que Dios siempre ha estado con ella y con su familia a pesar de que ella no lo había estado para él.

A partir de ese día fue otra persona. Según mi padre, era como si hubiera cambiado de esposa. Yo tenía doce años de edad y ese cambio era increíblemente palpable. Empezó a hablar y actuar diferente. Su cambio trastornó el estilo de vida que nuestra familia llevaba y también a nosotros.

¿CÓMO DIOS ENTRA A MI VIDA?

En la época en que Dios usó a mi madre para llevar su salvación a mi familia, pasaba por una de las etapas más desafiantes de la vida: la adolescencia. Yo tenía doce años y estaba viviendo en la etapa de los 80's (1986), donde el auge de la música «heavy metal» y las camisetas negras

Recién llagado a la íglesia

En Cinemark Hermosillo donde trabajé por 5 años como Sub-Gerente. Renuncié en el 2000 para dedicarme de lleno a RoJO

con calaveras ensangrentadas eran lo máximo. Recuerdo que tenía el cabello largo (o al menos lo intentaba) porque era la moda y no quería quedarme atrás.

A mí me encantaba el rock de todo tipo y de todas las bandas. Hubo una vez en la que vi un videoclip en el que la batería estaba montada sobre una plataforma dentro de un cubo inmenso de metal en el que hacía una acrobacia: una grúa levantaba el cubo con la batería adentro sobre el público y giraba hacia delante sobre un mismo eje ¡como si fuera una «pirinola»! Desde que vi ese videoclip quedé impactado con la batería. Hasta esa fecha, nunca había estado en un concierto musical o frente a una banda que estuviera tocando. Ni siquiera había tocado una batería con mis manos y mucho menos sentarme en una. Tocar la batería se convirtió en un sueño para mí. Un sueño que no creí nunca alcanzable.

Mi madre, viendo la «facha» que tenía en esa época y temiendo que pudiera andar en malos pasos, siempre me animaba a que la acompañara a la iglesia para convivir con otros jóvenes. Me invitaba a fiestas o actividades deportivas de la misma iglesia y nunca acepté.

No fue hasta un día en el que mi madre me dijo: «Deberías ir a la reunión de jóvenes de la iglesia. Se pone muy bonito. Habrá una fiesta después de la reunión y habrá comida, deportes, instrumentos musicales como la guitarra eléctrica y la batería». Cuando mi madre dijo la palabra «batería» atrajo toda mi atención. Me pregunté: ¿cómo puede haber guitarra eléctrica y batería en una iglesia? ¡En la iglesia se debe de permanecer en silencio! Lejos de estar consternado por la noticia, para mí fue una invitación para conocer el instrumento de mis sueños: la batería.

El siguiente domingo era el único sentado en la primera banca de la iglesia. Todos se sentaban de la segunda banca para atrás. No me importaba lo que me fueran a decir mis amigos de la escuela, mis parientes, o los demás por ir a una iglesia. Lo único que yo quería era estar cerca de la batería.

En esos días mi madre se percató de cuál era el «gancho» que podría utilizar para llevarme a la iglesia (y lo utilizó muy bien). Ese mismo domingo, habló con quien era necesario para que me permitieran estar en los ensayos y con la gente que tocaban instrumentos. Deseaba que

Es toda mi familia y son (de izq. a der.): Panchita, Rene (4 años), Ruben Edrei (11 años), Roni (5 años) y yo.

me dejaran estar viendo los ensayos. Eso era más que suficiente para mí. Desde ese domingo, no dejé de asistir.

Durante semanas asistí a la iglesia y actuaba como si me estuviera zambullendo dentro del agua: cerraba mis oídos, mi visión y mi respiración como para que no se me fuera a meter nada a la cabeza y terminar siendo de «la religión»... pero no se puede durar mucho así.

Después de estar asistiendo sin falta a la iglesia todos los domingos y de estar siempre sentado en la primera banca, estaba autobligado a escuchar el mensaje que el pastor hablaba con tal de no perder de vista la batería. Eso hizo que empezara a conocer sobre la Palabra de Dios. Es decir, me di cuenta de que esta «religión» (como le llamaba en ese entonces) no estaba «tan mal». Yo escuchaba cada domingo todos los planes que Dios tiene y quiere para nosotros y no entendía cómo es que podía estar en contra de eso. El pastor solo hablaba de lo que decía la «Biblia».

Duré cerca de un año asistiendo sin falta a la iglesia y sentándome en la primera banca. Fue hasta que tuve 13 años que ya no pude ignorar el mensaje que Dios tenía para mí. ¿Recuerdan el día que mi madre se encontró con el Señor y que sentía que le hablaba solo a ella? Así mismo me sentí el día que no pude seguir ignorando el mensaje que daba el pastor.

Desde entonces no puedo dejar de quedar sorprendido cada vez que escucho una porción de la Palabra y cómo Dios me vuelve hablar. Nunca hubiera creído que mi sueño de tocar una batería se iba a hacer realidad dentro de una «iglesia». Pasó lo que la Palabra dice: «Así que la fe viene como resultado de oír el mensaje, y el mensaje que se oye es la palabra de Cristo» (Romanos 10:17).

Empecé a involucrarme con la música dentro de la iglesia. Estaba experimentando lo que es el «primer amor». Para mí no existía otra cosa más que tocar música para Dios y ayudar en todo lo que pudiera en la iglesia (barrer, trapear, limpiar baños, tocar en las reuniones de los lunes o miércoles donde casi nadie iba, etc.). Lo hacía en agradecimiento a Dios por cumplir mi sueño de tocar la batería. El grupo de música de la iglesia estaba conformado en su mayoría por gente mayor que fue de gran ayuda y orientación en mi crecimiento espiritual y musical.

MI VIDA PERSONAL

En ocasiones veo mi vida desde otro punto de vista. Me pongo como espectador de mi propia vida y me percato de que Dios siempre ha estado conmigo desde antes de que yo le entregara mi vida a los doce años. No hay una sola etapa en mi vida en la que él no esté presente. Me queda claro que si no fuera con Cristo, no estuviera ni tuviera lo que ahora soy y tengo.

Recuerdo que antes de dedicarme de tiempo completo a la banda tuve muchas dudas. Me preguntaba... ¿será realmente la voluntad de Dios que lo decida así? ¿Cómo voy a vivir y lograr mis sueños sin un sueldo o trabajo fijo? ¡Ya tenía una familia que mantener y muchos gastos por hacer! Había muchas preguntas y pocas respuestas para mí en ese entonces. Por más de dos años tuve ese sueño de dejar todo y dedicarme de lleno a tocar y viajar compartiendo del mensaje Dios. Pedí ayuda y consejo a varias personas y concluían en lo mismo: «Nadie te podrá decir si debes o no debes dedicarte de lleno al ministerio... solo Dios». ¡No me decían nada! Quería que alguien (o Dios) me dijera lo que debía hacer... pero no funciona así.

Es curioso cómo después de tantas experiencias y cosas increíbles que le suceden a uno con Dios, que se nos olviden sus promesas y sus hechos. Se nos olvida que el vivir para Dios es también un acto de fe. Dios nos

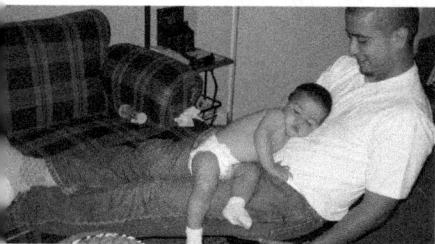

En el hospital con Roni

2001, gira en Japón

Mi cumpleaños en el 2004. La mayoría de nuestros cumpleaños los celebro fuera de la fecha oficial porque siempre andamos de gira. Me tocó festejar este con mis hermanos: son (Izq-Der) Karla, Juan, Yo y Amanda.

formó para poder depositar todo lo que él ya tenía previamente planeado para nuestra vida. Lo único que falta es que nosotros decidamos accionar a su llamado.

Después de pasar varios meses tratando de descubrir si era la voluntad de Dios el tomar esa decisión, la tomé y renuncié a mi trabajo. Con ello también renuncié a mis sueños de un día poder comprarme un auto del año, viajar con mi familia de vacaciones a algún país lejano, comprarme la casa de mis sueños, etc. Después de haber dejado un trabajo para muchos envidiable (sub-gerente de un centro de entretenimiento familiar de una cadena internacional, con un buen sueldo y prestaciones), ahora tenía que descubrir lo que Dios tenía para mí.

Muchos creen que Dios abrirá el cielo y te dirá con su dedo y con su voz lo que tienes que hacer... ¡y lo hará así! (a través de su Palabra). Lo importante es no dejar de moverte ni dejar de hacer lo que ya sabes que Dios quiere que hagamos.

Después de mi renuncia puede ver una vez más cómo Dios se mantiene firme en todas y cada unas de sus palabras. Un par de meses después muchos de mis sueños se hicieron realidad. Viajamos a países como Perú, El Salvador, Guatemala y tuve la oportunidad de viajar con toda mi familia a Japón. ¡Wow! Después de eso, pudimos comprar nuestro primer auto del año (no era nada de lujo... ¡pero para mí sí lo era!); y por si fuera poco, al año pudimos comprar nuestra casa nueva. ¿Cómo sucedió todo lo anterior? ¡Sucedió por la gracia de Dios!

Desde que conocí a Dios hasta el día de hoy, han pasado muchas cosas. Aprendí música, estudié en la universidad, me casé y tengo tres hijos. Estoy en «RoJO», y al final del día solo puedo decir que nada de lo que he aprendido, estudiado y tenido pudo haber sido si no fuera por la gracia de Dios.

HAY ESPERANZA...

Es increíble la cantidad de niños, jóvenes y adultos que vemos actuar como «toreros». Cuando les va llegando la bendición o se les muestra lo que Dios quiere hacer con sus vidas, lo único que hacen es levantar la «capa» y ver pasar por un lado «el toro» (la bendición). Muchos no se sienten capacitados ni preparados para recibir lo que Dios quiere que hagamos, como yo en un tiempo lo creía.

Ruben

Me refiero a llevar a cabo esos sueños que has venido teniendo y que crees que son imposibles de alcanzar. Estoy convencido de que esta generación verá cosas que jamás creyeron posibles en lo espiritual, político, social y tecnológico. Sé que podrán marcar un rumbo diferente en su familia, ciudad y país. Esto solo se logrará si se siguen los pasos que Dios nos indica en su Palabra. No importa lo que hagas (tu profesión), ni lo que tengas, ni donde vivas... lo único que hace falta es tu deseo de servir a Dios con todo tu corazón y con todas tus fuerzas ahí donde estás. Debemos de escuchar la Palabra de Dios. La Biblia es la mejor manera de saber qué es lo que Dios quiere para nuestra vida. Sé que es difícil y en ocasiones complicado leerla, pero es la mejor guía para cumplir tus sueños llegar al sueño de Dios.

MINI REPORT A RUBÉN

¿CÓMO ES LA VIDA CON TU FAMILIA?

Tenemos una vida sumamente normal con todos sus retos (llevar a nuestros hijos a la escuela, pagos por hacer, bañar al perro, ir a ensayos para poder tocar los domingos en la iglesia, etc.), pero con toda la confianza y certeza que Dios nos da. Mi esposa y yo no imaginamos nuestra vida diaria fuera de los caminos de Dios. Mi familia es mucho más de lo que yo aspiraba tener antes de iniciarla.

¿QUÉ ESPERANZA HAY PARA ESTA GENERACIÓN?

No solo «hay esperanza»... Dios tiene su esperanza en nosotros (esta generación, niños y adultos) para que esta generación sea tocada y cambiada. Si nosotros no nos «movemos», será más difícil que Dios llegue a las personas que lo necesitan.

¿QUÉ SIGNIFICA PARA TI ESTAR EN ROJO?

RoJO es algo más a lo que me pueda referir, señalar o apuntar «desde afuera». Para mí significa «equipo de cuatro personas elegidas por la gracia de Dios». Significa una gran responsabilidad. Es un sueño hecho realidad. Es hacer lo que más me gusta hacer (tocar y ayudar a que la gente se «conecte con Dios»); es mi trabajo y ha significado una «gran escuela» para mi vida y la de mi familia. Es una bendición.

¿QUÉ ES MÁS IMPORTANTE PARA TI, LA PREPARACIÓN O LA OPORTU-NIDAD?

Sin lugar a dudas, AMBAS. Lo que principalmente debemos tener primero en mente es la preparación (es lo que podemos hacer nosotros). Por lo general, las buenas oportunidades «llegan solas» cuando uno se prepara. Cuando uno no está preparado hay muy pocas posibilidades de que lleguen las oportunidades.

¿DEBE UN CRISTIANO INVOLUCRARSE EN LA POLÍTICA?

Sí. Y no solo en la política, sino también en la medicina, en la abogacía, en lo judicial y penal, en el deporte, en lo artístico, etc. Es tiempo de hacer oír nuestra voz y afectar (para bien) todos los campos laborales de nuestra nación. En donde haya necesidad espiritual y donde haya trabajo (decente y honrado) para mantener a tu familia, ahí quiere Dios hacerse presente a través de nosotros.

¿CÓMO SE PUEDE INFLUIR EN LA CULTURA DE HOY SIENDO EMBAJADOR DE JESÚS?

Con nuestros dichos y hechos. Ambas cosas tienen que ir de la mano. Cuando hacemos lo que Jesús nos dice, nos convertimos en un reflejo de su voluntad (Palabra). Cuando «decimos» algo y no lo «hacemos» (o viceversa) hay discrepancia. Lo que hagamos o digamos se lo llevará el viento. Cuando hacemos lo que decimos entonces podemos decir que lo «creemos». Debemos recordar que quien hace la obra en las personas es Jesús y no nosotros. Solo debemos creer en su Palabra (con hecho y dichos) y él hace todo lo demás.

¿CUÁL ES LA PERSONA(S) QUE MÁS TE INFLUENCIÓ PARA CONOCER A JESÚS?

Mi madre y David N2 (un amigo y líder musical de mi iglesia de aquellos días).

¿CÓMO PUEDE SER MÁS RELEVANTE EL CRISTIANISMO EN LOS TIEMPOS DE HOY?

Regreso a lo mismo, con nuestros dichos y hechos. Tenemos que «creer en verdad» en lo que decimos que somos (con dichos y hechos). Mucha gente no cree en el cristianismo porque lo ven como una «tendencia» u «onda» más del montón. Debemos de trabajar en ello: predicándolo e invirtiendo nuestro tiempo, dinero y esfuerzo. Tenemos que empezar a «HACER» y avanzar en lo que creemos.

¿CÓMO SE PUEDE SER CRISTIANO Y NO SER UN RELIGIOSO?

Una persona religiosa para mí, es una persona que cuida su imagen externa y dice o hace algo sin estar del todo convencido. Hacen las cosas por «costumbre» y porque «así se le enseñó». Una persona que NO es religiosa es simplemente alguien que no se deja llevar por las costumbres, ritos o procedimientos pre-establecidos por una «secta» o sociedad. Cuando uno se levanta todos los días buscando la dirección de Dios, él siempre tiene cosas nuevas y frescas para nosotros.

UN CONSEJO DE LA VIDA QUE TE HAYA SERVIDO MUCHO ES:

Si quieres obtener resultados diferentes, haz cosas diferentes.

RECOMIÉNDANOS TRES LIBROS:

La Biblia; (¡La Biblia en lenguaje actual está muy chida!)
Enséñame a Vivir; (escrito por Emmanuel)
Padre Rico, Padre Pobre; de Robert T. Kiyosaki y Sharon L. Lechter

¿POR QUÉ ESCOGISTE LA BATERÍA COMO TU INSTRUMENTO PRINCIPAL?

La batería me impresionó desde el día que vi un videoclip musical en donde la batería giraba mientas era sostenida por una grúa por arriba del público (con el baterista dentro y de cabeza). Fue algo que me impactó. Desde ahí tuve curiosidad por acercarme a la batería.

¿CUÁL FUE LA PRIMERA CANCIÓN QUE APRENDISTE A CANTAR/TOCAR?

«Quiero cantar una linda canción». En la batería y en la guitarra. Es una canción tranquila y sencilla, y los primeros tonos que aprendí en la guitarra fueron los del «círculo de Do». La batería tiene un ritmo muy básico. Al final de la semana ya podrá tocar la misma canción en guitarra y en batería (¡fue increíble!) :)

UN CONSEJO QUE HAYAS RECIBIDO DE UN MÚSICO QUE TE HAYA SERVIDO MUCHO ES:

Uno es: «En una canción se debe de tocar solo lo necesario; no todo lo que sabes».

El otro es: «En muchas ocasiones el silencio también es parte de la música».

¿CREES QUE UN MÚSICO NACE O SE HACE?

Un músico creo que se HACE. Muchas veces vemos en la TV a los grandes músicos y creemos que lo que hacen «les cayó del cielo» y ya. Ellos tienen miles de horas de sus vidas invertidas desarrollando el «talento» que Dios les dio. Dios nos dio a todos los músicos (y también a los NO músicos) un «talento» o una habilidad para hacer algo y solo tenemos que encontrarlo y desarrollarlo.

¿CUÁL ES LA BANDA/MÚSICO QUE MÁS TE INFLUENCIÓ?

(En mis inicios)...
Bandas: Luis Enrique Espinosa, Petra, Stryper y Whiteheart

RUBEN

Músico: Chris McHugh (baterista), Vinnie Colaiuta (baterista)

¿CUÁLES SON TUS CANCIONES FAVORITAS?
«Gloria» (Juan Luis Guerra - Para Ti)
«Where The Streets Have No Name» (U2)

¿CUÁNDO DECIDISTE QUE TE DEDICARÍAS A HACER MÚSICA?
Cuando todavía no era cristiano, mi madre me dijo que en la iglesia había instrumentos y que siempre había necesidad de que alguien tocara entre semana. Entonces salté y dije.... ¡yo puedo! (no sabía tocar ni la puerta.... pero quería).

¿QUÉ DÉCADA TUVO LA MEJOR MÚSICA?
¡Los 80's!

¿CUÁL ES EL ESTILO DE MÚSICA QUE NO HAS TOCADO PERO QUISIERAS?
Tal vez algo de cumbia-latina o Heavy metal (para experimentar)

¿BEETHOVEN O MOZART?
Mozart

¿CUÁL ES TU SUPERHÉROE FAVORITO? ¿POR QUÉ?
Superman, porque podría llegar rápido a cualquier lugar.

¿TU PELÍCULA FAVORITA HASTA HOY?
«La vida es bella» y «Forrest Gump»

¿CUÁL HA SIDO EL MOMENTO MÁS VERGONZOSO QUE HAYAS TENIDO?
Hace poco salí de casa en bicicleta. Me subí y me levanté para empezar a tomar impulso y en ese preciso momento la cadena se rompió (todo pasó a unos cuantos metros de mi casa). ¡Salí disparado por arriba y por el frente de la bicicleta! ¡Me di golpes en lugares que ni siquiera me explico! Después de levantarme como puede, tuve que regresar caminando con la bicicleta (con la cadena rota, con los «cuernos» chuecos y cojeando) delante de todos mis vecinos (ese fue un muy buen «show» para mis vecinos). Después de 4 meses aún seguía en recuperación ya que me lesioné un tendón del dedo meñique de mi mano, así que tocar en los conciertos en esa época fue interesante y doloroso.

¿CUÁL ES TU COLOR FAVORITO?

Azul (sin agraviar a la banda).

¿QUÉ DISFRUTAS HACER CUANDO ESTÁS EN FAMILIA?

Comer.

¿QUÉ COSA NO DISFRUTAS HACER CUANDO ESTÁS EN FAMILIA?

Tener que ir a comprar la comida solo.

SI TE SOBRARAN DOSCIENTOS MIL DÓLARES, ¿QUÉ HARÍAS CON ELLOS?

Invertirlos o hacer un negocio que multiplique esa suma.

¿CUÁLES SON TUS TRES CANCIONES FAVORITAS DE ROJO?

«Vive en Mí» (Día de independencia)
«No me soltarás» (Con el corazón en la mano)
«Hasta que ya no respire más» (24•7)

EMMANUEL ESPINOSA

MINI REPORT A EMMANUEL

¿CÓMO ES TU FAMILIA?

Mi esposa es Linda y nuestros hijos son Angelo, Michael y Eric (tres guerreros increíbles). Soy hijo de Francisco y Célida y soy el menor de siete hermanos.

¿QUÉ ESPERANZA HAY PARA ESTA GENERACIÓN?

Que Dios sigue creyendo en nosotros y que Jesús es la verdadera fuente de esperanza. Está con los brazos abiertos. La esperanza no está en nosotros, está en Jesús.

¿QUÉ ES MÁS IMPORTANTE PARA TI, LA PREPARACIÓN O LA OPORTUNIDAD?

Como la oportunidad no serviría de mucho si no estás preparado, creo que es más importante la preparación. Si estás preparado, cuando la oportunidad llegue estarás listo para el salto. Además, no solo significa tener ciertos talentos, sino se trata de tener las actitudes y el corazón correcto en todo.

¿DEBE UN CRISTIANO INVOLUCRARSE EN LA POLÍTICA?

¡Un cristiano debe involucrarse en todo! Si el núcleo de la sociedad es la familia y la familia se conforma por individuos, entonces todo lo que pase a nuestro alrededor influirá en nosotros y las personas que tengamos cerca. Es importante que votemos bien, que sepamos de las tendencias en la cultura, dialogar y aun discutir. Es triste que algunos piensen que los cristianos solo debemos «ir a la iglesia a cantar» y desconectarnos de la cultura y sociedad en que vivimos. ¡Hagamos oír nuestra voz!

¿CÓMO SE PUEDE INFLUIR EN LA CULTURA DE HOY SIENDO EMBAJADOR DE JESÚS?

Siendo transparentes. No podemos andar con máscaras diciendo que representamos a Jesucristo.

¿CUÁL ES LA PERSONA(S) QUE MÁS TE INFLUENCIÓ PARA CONOCER A JESÚS?

Ha habido muchas personas importantes en los diferentes ciclos de mi vida, pero definitivamente la influencia más grande vino de mis padres.

¿CÓMO PUEDE SER MÁS RELEVANTE EL CRISTIANISMO EN ESTOS TIEMPOS?

Jesús no vino a hacer «cristianos». El nombre «cristianos» llegó *después* de la ascensión de Jesucristo. Los discípulos y seguidores de Jesús se parecían tanto a él que no quedaba otra opción que llamarlos «como Cristo» o *cristianos*. Qué increíble será el día cuando no nos tengan que preguntar acerca de nuestra creencia, sino que nuestras acciones lo digan.

¿CÓMO SE PUEDE SER CRISTIANO Y NO SER UN RELIGIOSO?

Ser un religioso te hace un orgulloso (creyendo que eres mejor que otros por «no hacer lo que ellos hacen») o te llena de culpabilidad (por nunca poder ser perfecto y cumplir con todas la reglas). Ser un discípulo de Jesús es conocer su gracia y vivir en su verdad. La clave es entregarse al 100% a él.

UN CONSEJO DE LA VIDA QUE TE HAYA SERVIDO MUCHO ES:

«El que no sirve no sirve», se lo escuché al pastor Jorge López de Guatemala.

RECOMIÉNDANOS TRES LIBROS:

Nos veremos en la cumbre; de Zig Ziglar
Los cinco lenguajes del amor; de Gary Chapman
La generación emergente; de Junior Zapata

¿POR QUÉ ESCOGISTE EL BAJO COMO TU INSTRUMENTO PRINCIPAL?

Era el instrumento que nadie quería tocar en la iglesia o las bandas en que estuve y terminé disfrutándolo muchísimo.

¿CUÁL FUE LA PRIMERA CANCIÓN QUE APRENDISTE A CANTAR/TO-CAR?

No recuerdo como se llama, pero comenzaba «Iba huyendo del maestro, buscando algo nuevo para mí...» de La Tierra Prometida.

UN CONSEJO QUE HAYAS RECIBIDO DE UN MÚSICO QUE TE HAYA SERVIDO MUCHO ES:

«El grupo (banda) es más importante que el individuo» y «menos es más» (el que tenga oídos para oír que oiga).

¿CREES QUE UN MÚSICO NACE O SE HACE?

El talento no es suficiente si no eres persistente y enfocado, así que «nace» y «se hace».

¿CUÁL ES LA BANDA/MÚSICO QUE MÁS TE INFLUENCIÓ?

Son demasiados. En mi casa fueron mis hermanos que siempre estaban involucrados en algo de música. En el bajo fueron Abraham Laboriel y Tommy Sims. Cuando los escuché a ellos supe que el bajo podía ser divertido y que era el instrumento más influyente en una banda de música moderna. Puede afectar los acordes, el ritmo y la actitud de una canción. Lo curioso es que, al no ser un instrumento «sobresaliente y llamativo» (como la guitarra o el piano), muchos no lo saben (ese es un secreto entre bajistas jeje).

¿CUÁLES SON TUS TRES CANCIONES FAVORITAS?

«Mi universo» de Jesús Adrián Romero
«Yo te busco» de Marcos Witt
«Grace» de U2

¿CUÁLES SON TUS TRES CANCIONES FAVORITAS DE ROJO?

Eso es similar a si me preguntaras acerca de cuál es mi hijo favorito, es imposible hacer una diferencia o hacer una escala de importancia, pero las tres que vienen primero son:

«Hasta que ya no respire más» (del álbum 24.7), la escribí con Jesús Adrián Romero.

«Haré oír mi voz» (del álbum Apasionado por ti), la escribí con mi esposa Linda.

«Desde el amanecer» (del álbum 24.7), la escribí junto a dos de mis autores favoritos: Jesús Adrián Romero y Juan Salinas.

¿CUÁNDO DECIDISTE QUE TE DEDICARÍAS A HACER MÚSICA?

Cuando mis hermanos mayores llegaron a casa después de haber estado grabando en otra ciudad y nos contaron todo lo que el productor hizo y cómo los dirigió. Creo que yo tenía unos ocho años.

¿QUÉ DÉCADA TUVO LA MEJOR MÚSICA?

Sesentas y la que viene... ¡la cuál será muy ochentona!

¿CUÁL ES EL EFECTO SIN EL CUAL NO PUEDES ESTAR AL TOCAR EL BAJO?

Con el bajo solo uso un octavador (a veces), así que no es difícil decidir.

¿CUÁL ES EL ESTILO DE MÚSICA QUE NO HAS TOCADO PERO QUISIERAS?

Clásica.

¿BEETHOVEN O MOZART?

Beethoven.

¿CUÁL ES TU SUPERHÉROE FAVORITO? ¿POR QUÉ?

EL hombre araña -Spiderman. Porque Peter Parker es muy normal.

¿CUÁL ES TU PELÍCULA FAVORITA (HASTA HOY)?

«El Gladiador» y «Your love broke through» (un documental de Keith Green). Me inspiran.

¿CUÁL ES EL MOMENTO MÁS VERGONZOSO QUE HAYAS TENIDO?

El que les puedo mencionar (porque los otros no se pueden *escribir*) es cuando llegué tarde un día de Servicio Militar (en México es obligatorio por 9 meses, pero yendo solo los sábados). Estaba tan desvelado y cansado (y ya había corrido como nunca en distancia y velocidad para poder llegar a la hora cuando pasaban lista) que al llegar, *tarde*, después de que el oficial que pasaba lista me gritó y me dijo todos los sobrenombres y apodos que se le ocurrieron y que, por supuesto, son inmencionables en este libro. Comencé a vomitar pues había tenido una mañana muy «ajetreada». Así que a partir de ese día, el oficial me decía el «*explicito*» crudo.

¿CUÁL ES TU COLOR FAVORITO?

Negro, pero uso más azul que cualquier otro.

¿QUÉ DISFRUTAS HACER CUANDO ESTÁS EN FAMILIA?

Jugar luchitas con mis hijos y ver alguna película padre con Linda.

¿QUÉ COSA NO DISFRUTAS HACER CUANDO ESTÁS EN FAMILIA?

Sacar la basura (lo bueno es que mis hijos ya ayudan con eso).

Ahora sí con una batería en serio

De niño tocaba mi batería «custom», unos cartones y baldes que me iba encontrando de regreso a casa eran parte de mi primer «batería»

Con Danilo y Lucas cuando escribimos juntos «Generación de Adoradores»

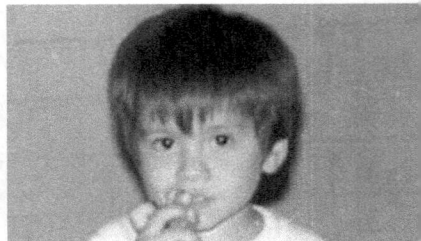

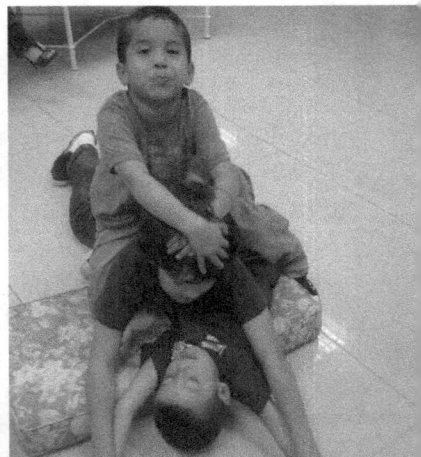

Mis hijos (de abajo a arriba, je!) Michael, Angelo y Eric

SI TE SOBRARAN DOSCIENTOS MIL DÓLARES, ¿QUÉ HARÍAS CON ELLOS?

¡Uy!, si sobraran quiere decir que ya dimos varios millones en alcance y en todo lo ministerial. Además, en lo administrativo de lo que hacemos. Si sobra es que ya hay inversiones buenas dando resultados; así que, entonces, pondría un estudio para artes en la ciudad que vivo (pero como no alcanzaría, espera, tú que lees, una llamada mía para que me ayudes con tu dinero también).

En Senegal con Rodrigo, el traductor

Cumpliendo años en medio de alguna gira

De gira por Venezuela

Recién comenzando a girar con Marcos Witt con 18 años

PARTE 3

COSAS DE LA VIDA DE UNA BANDA VIAJANTE

22 grados bajo cero en Ushuaia, Patagonia Argentina

Con 8 meses de embarazo, esperando a Eric

Si no se puede dormir de noche, dormimos en el avión

Tomando una siesta en el aeropuerto de Panamá

Cambio de neumáticos inesperado

Aeropuerto de El Salvador

Con Orlando Rodríguez

NOS HA PASADO DE TODO DURANTE LAS GIRAS. ALGUNAS DE ESAS SON:

* Una ocasión viajábamos en medio de lo que parecía la selva colombiana con un calor espantoso (íbamos sin aire acondicionado) y en eso se calentó la pequeña camioneta en donde viajábamos y nos quedamos a un lado de la carretera. Se hizo tan tarde que llegamos directo a tocar sin probar sonido y sin darnos un baño decente. Creo que los que se acercaron a nosotros se dieron cuenta.

* Durante una gira por tierra, llegamos a la ciudad equivocada, por tomar la carretera equivocada.

* El vocabulario cambia en ciertos modismos de país a país. Emmanuel, desde la plataforma, ha dicho la palabra equivocada en el país equivocado (y por supuesto no se van a repetir en el libro). Perdón otra vez a todos los que estaban en alguno de esos lugares.

* Uno de los días más agitados de nuestra banda en cuanto a viajes fue cuando amanecimos en nuestras ciudades (Hermosillo, MEX y Tucson, Arizona, USA, respectivamente), ese mismo día tocamos en la tarde en Los Ángeles (USA) y al terminar, corrimos al aeropuerto y viajamos toda la noche para amanecer en Bogotá, COLOMBIA, y tocar allí ese mismo día. Al otro día regresamos a casa. Así que en menos de 48 horas viajamos once mil trescientos cuarenta kilómetros.

* Hemos tocado (literalmente) bajo la lluvia (Venezuela).

* Hemos empezado conciertos a media noche (Argentina).

* Las aerolíneas nos han destrozado más de 15 estuches de guitarra/bajo y más de 20 maletas.

* Hemos tenido que empezar a tocar la misma canción hasta 4 veces porque la electricidad se iba a cada momento.

* Mientras estábamos en Tijuana, México, Edith Sánchez (nuestra

163

amiga que reemplazaba a veces a Linda cuando ella estaba «muy» embarazada) se desmayó en pleno escenario y en medio de una canción frente a más de ocho mil personas.

★ Muy seguido sucede que al regresar a casa, al despertar en la noche o temprano en la mañana, no sabes en qué ciudad estás o si hay que levantarse y correr para ir al aeropuerto. Toma unos cuantos segundos para darte cuenta.

★ Una vez nos hizo daño una comida a toda la banda y al staff. Andábamos de gira en bus. Fue una gira con muchas «paradas técnicas».

SECRETOS PERSONALES:

OSWALDO: Estábamos en Ushuaia (la ciudad más austral del mundo). Era impresionante ver todo blanco de nieve. Hacía un frío que calaba hasta los huesos. Llegó la hora del concierto y recuerdo que el lugar era como una bodega de lámina donde entraba el aire por todos lados. Comenzamos a tocar y mientras más caía la noche, el frío que se sentía más. Las cuerdas parecían pedazos de hielo y llegué al punto en que no sentía más mis manos. Miraba a todos con sus guantes muy cómodos, pero yo no podía usarlos ya que me era imposible tocar la guitarra con ellos. Fue una noche muy larga para mí, solo podía poner ciertos acordes y pues imagínense los «solos» cómo se escucharon.

RUBÉN: Me ha sucedido varias veces que al llegar a cierto país me han detenido por bastante tiempo para interrogarme e investigarme. Resulta que hay otra persona que se llama igual a mí y que es buscado por la justicia.

EMMANUEL: Una vez hice un intermedio en un concierto (y lo anuncié «muy espiritual») porque me urgía ir al baño.

LINDA: Estaba embarazada y para los que no saben, es un tiempo en donde da mucho sueño. Durante el concierto, cuando Emmanuel pidió a todos que nos arrodilláramos, yo lo hice, pero me quedé dormida. Sin darme cuenta, Emmanuel pidió a todos que se levantaran pero yo seguí durmiendo. Estuve arrodillada y recargada en una silla por otros diez minutos hasta que alguien me despertó para decirme que tenía que cantar. Lo más chistoso es que al final, un pastor se acercó a mí para felicitarme por ser tan espiritual y orar todo ese tiempo.

RUBÉN: Cuando regresamos de Japón nuestro horario estaba tan volteado que a las 3 de la madrugada mi esposa estaba leyendo recetarios de comida. Yo estaba en la computadora y mi hijo viendo caricaturas... ¡a las 3 de la madrugada!

EMMANUEL: Lógicamente, la única chica que beso es Linda. Pero han subido al escenario dos chicas a tratar de besarme en pleno concierto, pero con Linda sí fueron exitosos un par de... ¡El Señor los reprenda!

RUBÉN: Debido a que la mitad de la banda vive en un país y la otra mitad en otro, hubo una ocasión en que Oswaldo y yo llegamos primero que Emmanuel y Linda a una de las ciudades donde tocaríamos. El vuelo de ellos se retrasó por mal clima. Era hora de empezar el evento y la gente ya estaba desesperada. Por tal motivo tuve que salir al escenario a explicarle a la gente lo sucedido. Me pidieron que cantara, que tocara un solo de batería, que bailara o cuando menos, que recitara un poema. Les dije que no cantaba ni en la ducha porque se iba el agua.

OSWALDO: Estábamos en una cruzada en Honduras. Era un evento enorme con muchísima gente. Todo marchaba bien y habíamos tenido una participación. Luego pasamos otra vez para acompañar a Jesús Adrián Romero en un tiempo de alabanza, pero de pronto comencé a sentir un dolor en el estómago. Me dispuse a pensar en otra cosa que no fuera eso, pero por más que traté de concentrarme en la alabanza no pude más. A mitad de la canción dejé la guitarra y me dispuse a buscar un baño, cuál fue mi sorpresa que no vi ninguno, solo veía una multitud de gente y autos estacionados.

Empecé a sudar frío, el terreno cada vez se me hacía más grande. Tuve que caminar unos cien metros (que parecían kilómetros) hasta una calle. Empecé a tocar puerta por puerta y nadie respondía. Fue hasta como a la quinta casa que me abrieron y pues a pedirle de favor que me prestara el baño. Dudaron un poco. Les expliqué que estábamos en una cruzada, que era cristiano, etc. Y por fin me abrieron las puertas de su casa o más bien del baño.

Estaba tan agradecido que les dije que fueran a la campaña y le iba a reservar los primeros asientos y regalar discos. Regresé, pero ya se había acabado la alabanza.

EMMANUEL: Estábamos en un concierto en Bogotá. Tuve uno de los momentos más incómodos en que he tocado. Era... ¡por los pantalones tan ajustados y raros que tenía puestos! Ya en medio del concierto, quizás en medio de un solo de guitarra de Oswaldo, me acerqué a Linda para preguntar: «¿Qué pantalones son estos? ¡Ya no los quiero usar jamás!». Me miró, se carcajeó y me dijo: «¡Son míos!».

Firmando autógrafos

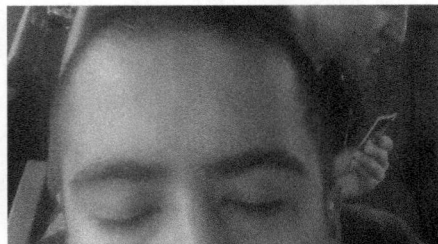

Saliendo del avión

Aeropuerto de El Salvador

COMIDAS

Uno de los mayores privilegios de viajar a tantos lugares del mundo es disfrutar el arte culinario de cada país. Cuando comenzamos a viajar, pensábamos que en todos lados comían con tortillas acompañadas de unos frijoles y por supuesto una buena salsa picante. ¡Qué equivocados estábamos! Esto es de lo que más hemos disfrutado:

* Pupusas (El Salvador)

* Arroz con pollo (Costa Rica)

* Empanadas y cazuela (Chile)

* Tamales (En todos los diferentes estilos de México y Centroamérica)

* Ajiaco y bandeja paisa (Colombia)

* Arepas (Venezuela)

* Baleadas (Honduras)

* Chicharrón de pollo y mofongo (Puerto Rico)

* Tapas y paella (España)

* Sopa Ramen – pero la original (Japón)

* Té de coca (Bolivia)

* Pollo campero (Guatemala y El Salvador)

* Asado y empanadas (Argentina, Uruguay)

* Parrillada y tereré (Paraguay)

* Rodizio (Brasil)

* Ceviche y Lomo saltado (Perú)

* Sándwiches (Canadá... bueno eso es porque a la hora que salimos del concierto no hay nada de comer más que sándwiches)

* Conejo asado (Ecuador)

* Tostones (Panamá)

* Cuz cuz (Senegal)

Y por supuesto, muy seguido comemos los tacos y las hamburguesas de nuestros respectivos países de procedencia, México y Estados Unidos.

Recibiendo las llaves de la cuidad en la ciudad de Neiva, Colombia

Con Koke Wiedmaier

Cantando con Daniel Calveti

Botanas de grillos, en México

Ensayando nuevas canciones antes del concierto

Junto a Petra

Grabación de «Prefiero»

ROJO
CAMERINO INDIVIDUAL
Auditorio TELMEX

Filmación del videoclip «Tu amor hace eco en todo mi universo»

En los Grammy's Awards

Club de amigos en Bototá

CELEBRACIÓN
ROJO
PASIÓN POR LA UNIDAD

REY ROJO
El heredero

En Senegal, África, ministrando

En Madrid, España

Comiendo Cuz Cuz

Napoleón Mendoza con Eric

Se nos quedó la camioneta

En el bus de gira

Firmando autógrafos y Linda con Michael

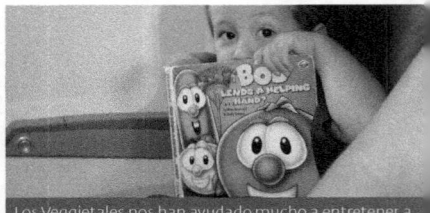
Los Veggietales nos han ayudado mucho a entretener a nuestros hijos en las giras

Con Juan Shima en Chile

Comprando víveres en medio de una gira

En Trujillo, Perú

APÉNDICE

EL ÁLBUM: CÓMO NACE UN DISCO

Hacer un disco es demasiado complicado y a la misma vez no lo es. Explico.

Para nosotros hacer un disco es mucho más que juntar de diez a doce canciones y venderlas en un CD o electrónicamente. Es un trabajo duro que abarca lo emocional, lo técnico y sobre todo lo espiritual. Para nosotros un disco se debe hacer porque hay una razón para hacerlo. Nunca hemos hecho un disco solo porque «había tiempo libre» o «porque no teníamos nada más que hacer». A continuación te platico lo básico del proceso de la grabación de un disco.

UNA VISIÓN ESPECÍFICA

Cada disco tiene una visión específica y una razón por la que existe. Esa visión, por supuesto, va de la mano de la visión de la banda. En general, cada disco se basa en lo que sentimos que Dios nos está hablando y que sentimos una urgencia por comunicar. Entonces, si no hay una dirección específica, no me atrevo a calendarizar fechas para grabar.

LAS CANCIONES

Las canciones son el elemento más importante de un álbum y es lo que más tarda en todo el proceso de producción de un disco. Esto es porque las canciones son lo que comunican lo que está en el corazón. Puede haber buenos sonidos, ingenieros y todos los etcétera que pudiéramos nombrar, pero si no hay canciones que conecten con la gente, entonces el álbum no irá a ningún lado. No soy la última palabra en este tema, pero por las experiencias que he tenido, me atrevo a decir que muchos músicos y bandas suelen distraerse en lo técnico (especialmente cuando están comenzando) y olvidar que sin canciones que comuniquen del corazón, no habrá conexión con los oyentes. No importa cuán virtuosos sean los músicos o cuán excelente sea la producción y diseños de sonidos, debemos cuidar que haya una sintonía ente la visión del grupo y las composiciones.

Una vez que está definida la visión del álbum es que comenzamos a componer o más bien, a terminar ideas de canciones que hemos estado haciendo por varios meses.

Linda y yo hemos hecho un equipo de composición que fluye genial. Al tener la visión del disco muy fresca, podemos lograr más cosas en menos tiempo. Oswaldo también ha sido parte de varias canciones desde el inicio de RoJO.

Hay muchas ideas no terminadas y otras terminadas que después se convierten en canciones. Pero eso no significa que siempre sean canciones buenas. Muchas veces escribo canciones que aunque podrían servir para algo, no sirven para la visión del disco. Esas quedan fuera. También, a veces puedo comenzar a escribir una canción y en caso de no poder terminarla, les hablo a amigos para que me ayuden y así poder comunicar lo que está en el corazón, y con el talento de ellos la canción se completa. Algunos de los amigos con los que he colaborado en discos de RoJO son Juan Salinas, Jesús Adrián Romero y Ángel Moreno (mi cuñado).

LA PRODUCCIÓN

«Producción» se le llama a todo el trabajo de toma de decisiones, coordinación de fechas de grabación, contacto con estudios e ingenieros. Además, está la dirección musical del disco, el escogido de canciones, las personas que usaremos para programar y arreglar. Claro está, tienes que velar a que la visión del disco se logre en lo musical, lo comunicativo y lo espiritual.

PROGRAMACIÓN Y ARREGLOS

Una vez que están definidas las canciones, es entonces que comenzamos lo que se le llama la «Programación» de las canciones. Eso significa que alguien frente a una computadora comienza a hacer los arreglos de cada canción. Usamos teclados y programas («software») para definir cuánto durará la canción. Muchos de los detalles y sonidos (que cuando escuchas con audífonos se escuchan de lado a lado) se van formando desde estos tiempos.

LA GRABACIÓN

Cuando los arreglos están definidos y terminados, nos metemos a un estudio para grabar baterías. En los diferentes discos hemos grabado en Phoenix, Tucson y Houston. Depende de lo que sea más conveniente de fechas y disponibilidad de los estudios.

Una vez que se terminan de grabar las baterías, entonces, de vuelta en mi estudio, grabamos todo lo demás: (en orden de aparición) bajo, guitarras acústicas, guitarras eléctricas, percusiones/ruidos/teclados adicionales y todos los extras que a veces ponemos como cuerdas, voces de fondo, ruidos, ambientes o coros e instrumentos adicionales. Después que todo está grabado, entonces grabamos las voces.

Eso no significa que no hay excepciones. A veces grabamos la voz antes de algunos instrumentos o incluso ha habido ocasiones en donde grabamos la batería a lo último, pero eso no es lo común.

¿Cuántos canales usamos? Varía. Hay canciones en donde hemos usado tan pocos como veinte y otras en donde hemos llegado casi a 100 (por ejemplo, creo que «Contigo haré historia», «Brillaré», «Yo soy la revolución» y «Momentum» son de las canciones en donde hemos usado más canales (ah, y aunque no parezca, en «Desde el amanecer» también, pues la orquesta, la programación y el coro además de la banda hizo esa canción muy ocupada en canales).

Grabaciones de «Con el corazón en la mano»

Benny Faccone en plena acción

Mi teclado desde 1991

LA MEZCLA

La mezcla es el toque final que se le da a cada canción. Cuando tenemos todos los elementos que queríamos poner en una canción es que llegamos a esta fase. Lo que se hace aquí es que contratamos a un ingeniero para que él tome cada canal por separado y nos ayude a lograr la visión musical con la que empezamos (recuerda que la visión espiritual se definió *antes* de empezar todo el disco). El ingeniero ecualiza, agrega reverberancias, retardos («delays»), compresión y otras cosas a cada canal según sea necesario.

El ingeniero de mezcla es como un decorador de interiores: puede transformar algo que está «bien» y convertirlo en algo que se vea (en este caso «escuche») «mucho mejor».

No obstante, también hay ingenieros que pueden empeorar las cosas si no son la persona correcta para lo que quieres lograr. Escoge lo mejor que tu presupuesto te permita. Nosotros hemos podido trabajar con algunos de los mejores ingenieros:

Orlando Rodríguez (Boricua. Un amigazo. Él ha trabajado con RoJO desde el primer disco);

Abraham Martínez (Americano de papás mexicanos. Hemos trabajado ya en varios álbumes con él);

Benny Faccone (Canadiense de papás italianos y residente de Estados Unidos. Ha trabajado en dos discos con nosotros).

También han mezclado:

Ronny Huffman (Americano pero que habla español mejor que muchos latinos. Ronny es una de mis mayores influencias en producción);

JR McNeely (californiano de Nashville);

Marcelo Pennell (Ecuatoriano de papás americanos);

Mark Loop (de Hamburgo, Alemania);

Alex Allen (Mexicano de Nashville también);

Andy Salazar (Mexicano de Laredo, Texas);

y últimamente hemos trabajado con **Mike Harris** (de San Diego, California);

y mi más reciente descubrimiento **Lee Bridges** (de Nashville y el primer ingeniero que uso que es menor que yo... ¡los años pasan!).

Ah, esporádicamente Oswaldo y yo hemos mezclado algunas canciones. Pero bueno, y ¿por qué tantos ingenieros? Eso es porque depende de la visión del disco, de cada canción y del sonido que queremos lograr. Entonces, buscamos a los ingenieros que nos ayuden a llegar sónicamente a nuevos terrenos. Además, tener la experiencia de ellos en nuestra música es un valor agregado y aprendo más como productor.

MASTERIZACIÓN

Cuando todas las canciones están mezcladas, el ingeniero de masterización recibe todas las canciones y da el punto final. Al haber varios ingenieros de mezcla (y aun si es un solo ingeniero que mezcla todas las canciones) puede haber pequeñas diferencias en cuanto a los graves o agudos de cada canción, así que el ingeniero de masterización «hermosea» por última vez el sonido de las canciones.

También en esta fase se pone el orden de las canciones, cuánto espacio habrá entre cada canción, se le sube de volumen (lo más posible sin «aplastar» el sonido) y se hace la última edición (por ejemplo terminar los «fades» de cada canción. ¿Recuerdas las canciones en donde la canción sigue pero el volumen va bajando poco a poco (como «Cuan grande es él»)? Bueno eso es un «fade out»).

En resumen, ese es el proceso de una grabación. Algunas personas creen que la duración de grabar un disco es lo mismo que la duración del CD. ¿Cuarenta y cinco minutos? ¿Cincuenta? La verdad es que el proceso puede tomar de tres a seis meses o mucho más.

TIPS PARA FORMAR UNA BANDA

* Una vez definida la visión, júntate con personas que compartan tus motivaciones y que se identifiquen con esa visión (la cual, repito, debe ser mucho más que una visión musical).

* Oren juntos, ensayen juntos y jueguen juntos. Hay equipos de música o bandas que oran y ensayan juntos, pero no se conocen fuera del cuarto de ensayo, y eso muchas veces provoca malos entendidos o problemas innecesarios. Hay otros que ensayan y juegan mucho, pero no pasa nada en el corazón de las personas que los escuchan pues no oran juntos. Otros oran y juegan juntos pero al no ensayar, todos los errores y falta de coordinación musical distrae para comunicar el mensaje.

* Busca gente con la que tengas química musical y de personalidad. RoJO no está formado por músicos o cantantes virtuosos. Pero al hacer música juntos, logramos lo que tenemos como visión. Somos diferentes en personalidad, pero sabemos comunicar, discutir y trabajar juntos.

* No comiences una banda con un disco. Ese es un error que muchos cometen. Hacer un disco requiere de mucha inversión de dinero. Eso es sin hablar de lo espiritual, emocional y técnico. Es mejor que los que quieren estar en una banda, comiencen en donde están y con lo que tienen. Vayan a tocar a todos lados en donde les inviten. Sirvan y carguen bocinas y equipo. Vivan desvelos y sacrificios juntos. Cuando regresen (a veces con gastos en lugar de ganancias en dinero), se vuelven a ver con alegría porque están logrando una visión juntos. Si hay alguien que no puede con ese ritmo y quiera salirse de la banda será bueno, pues eso ayuda a saber con quién se cuenta al 100%.

* Sean creativos y responsables en cuanto a las entradas de dinero. Si hay casados en la banda y/o con trabajo, deben tomar eso en consideración. Tomen decisiones como familia y con consejo.

* Haz equipo con gente que esté dispuesta a practicar Filipenses 2:3 y 4: «No hagan nada por egoísmo o vanidad; más bien, con humildad consideren a los demás como superiores a ustedes mismos. Cada

Grabación en vivo del DVD «Con el corazón tour»

Grabando «Apasionado por ti»

uno debe velar no sólo por sus propios intereses sino también por los intereses de los demás».

* Trabaja en hacer canciones que conecten y comuniquen con las personas para que la grabación sea un vehículo para hacer llegar esas canciones a más lugares. Asegúrate de que no sea al revés.

* Haz un presupuesto realista. Hagan el mejor esfuerzo por invertir lo más que puedan para hacer algo con la mayor excelencia.

* Busca a un productor. Un productor con experiencia es alguien que sacará lo mejor de ti. Pero cuidado, no lo escojas por lo bonito o impresionante que hable sino por los trabajos que ha hecho.

* Planifica cómo es que recuperarán la inversión de la grabación. Ser organizados no significa ser faltos de fe.

* Para más tips y técnicas visita 24SIETEweb.com.

Las grabadoras de ideas que usaba

Grabando baterías para «Apasionado por ti»

Con Juan Salinas

Grabando el primer disco y usando las ahora extintas grabadoras ADAT

Palabras Finales

Dedicarse a los planes de Dios es la mejor decisión. Una vida a su lado es siempre emocionante porque él es un Dios emocionante. El cristianismo se trata de tener al mejor amigo del mundo. Ese es Jesús. Quien no te deja y quien nunca se equivoca.

Si hasta ahora no has comenzado una aventura a su lado, tu hora te ha llegado. Quizás naciste en un hogar cristiano o quizás no. Al leer este libro te has enterado de que en RoJO tenemos ambos casos y por eso podemos decirte que sea tu familia cristiana o no y sea tu familia buena o no, tú decides por ti mismo qué clase de vida vas a vivir y si vas a cumplir tus proyectos o no los vas a cumplir.

Nosotros creemos en tu generación. Confiamos en que hay suficientes jóvenes inteligentes como para dedicarle la vida al Señor y no dejarse llevar tan solo por sentimientos o por la opinión de la cultura. Soñamos con jóvenes cristianos relevantes, porque cuando una nueva generación le adora suceden cosas maravillosas.

Así nos sucedió a nosotros. Tu turno comienza ahora.

Orlando Rodríguez y su esposa Nitza

Grabando el video de la canción «Brillarás» en Senegal, África

Con Michael en brazos, probando sonido en el estadio el Campín de Bogotá

Con Holger Fath

Grabando baterías para «Con el corazón en la mano»

Buscando locaciones para la sesión de fotos, Juan y yo (Emmanuel) escogimos esta

Así quedó la final

Uno de mis bajos SOAME

Nos agradaría recibir noticias suyas.
Por favor, envíe sus comentarios sobre este libro
a la dirección que aparece a continuación.
Muchas gracias.

Editorial Vida ®
.com

Vida@zondervan.com
www.editorialvida.com

www.ingramcontent.com/pod-product-compliance
Lightning Source LLC
LaVergne TN
LVHW051053080426
835508LV00019B/1858